CONSTRUIR

MUNDOS

Pilar Encuentra

Nueva interpretación de Génesis 3

Del árbol del conocimiento al árbol de la Vida

El hombre: un ser en camino de Adán a Cristo

europa ediciones

© 2024 **Europa Ediciones** | Madrid
www.grupoeditorialeuropa.es

ISBN 9791220151092
I edición: julio del 2024
Distribuidor para las librerías: **CAL Málaga S.L.**

Nueva interpretación de Génesis 3

Del árbol del conocimiento al árbol de la Vida

El hombre: un ser en camino de Adán a Cristo

El Señor nos dará la lluvia
y nuestra tierra dará su fruto
(Sal 84)

Agradecimientos

A mi hija Patricia, psicóloga experta en coaching, cuya ayuda ha sido decisiva para publicar este libro.

Introducción

El libro que tiene el lector en sus manos es un trabajo académico, y, como tal, posee unas características formales en su redacción. El uso del plural, por ejemplo, es normativo porque lo que se afirma no sólo lo suscribo yo como autora sino también quien dirigió mi tesina: Joan Ramon Marin, un sacerdote experto en el Antiguo Testamento.

El contenido es fruto de una intuición que se produjo ya en el primer curso de mis estudios de teología y que fui verificando asignatura tras asignatura a lo largo de los cinco siguientes.

Propongo una interpretación del texto bíblico Génesis 3, en el que se narra el pecado original, que, pese a ser diferente a la que ofrece el Catecismo, fue aprobada por el tribunal ante el que tuve que defenderla para obtener mi licenciatura. No se me advirtió de ningún error teológico. Sólo se me reprochó el tono excesivamente contundente que utilicé. Esa contundencia, natural en mí por mi apasionamiento cuando defiendo algo en lo que creo profundamente, fue además, en este caso, premeditada, aun siendo consciente de que no era lo más adecuado en un trabajo de esas características que requiere un tono más humilde. Quería asegurarme de que una excesiva prudencia para lograr el visto bueno del tribunal no acabara disfrazando su radical novedad y sus importantes consecuencias que se derivan de ella y que se enumeran en las conclusiones.

La Licenciatura que obtuve de la Facultad de Teología de Cataluña, «en nombre» del entonces Papa y gigantesco teólogo Benedicto XVI, tal como se lee en el documento, es para mí, y considero que también puede serlo para el lector, garantía de que está ante un texto osado pero riguroso. Está fundamentado en la Biblia en su conjunto, tal como exige la Iglesia en el documento *La interpretación de la Biblia según la Iglesia*, en la Patrística, en la Liturgia y en algunos otros autores cristianos y destacados filósofos.

El lector comprobará si se detiene en las notas a pie de página que esta nueva interpretación de Génesis 3 armoniza mucho mejor que la actual, con el Dios que Jesús nos desveló. El Abbá, papá, como lo llamó. Esa figura amorosa que educa a su hijo con autoridad y ternura. Frente al Dios juez riguroso que expulsa a la primera pareja humana del Paraíso por una supuesta culpa. Que, además, todos nosotros heredamos al nacer, es la causa de nuestros sufrimientos ahora, y nos pone en riesgo de que se agraven y perpetúen eternamente por una posible condenación. El Dios que se desprende de esta nueva propuesta, cuyos pasos Adán escucha en el jardín, es el que nos abraza —nos injerta, dice la Iglesia— y nos hace hijos en el Hijo. Nos encontramos a un verdadero Padre, misericordioso, que se apiada de nuestros errores, los va corrigiendo y nos va sanando. Liberando. El miedo, inevitable ante la posibilidad del antiguo Dios, al que el hombre moderno ha decidido ignorar, se transforma en confianza. En refugio. En alivio. En consuelo.

El objetivo de publicar mi tesis es que el hombre de nuestro tiempo pueda volver su mirada a la Biblia como fuente de Verdad sin que le chirríen textos como el que abordamos. Descubrir en ella el gran tesoro que se nos oculta, hoy más que nunca: saber quiénes somos. Conocernos a nosotros mismos. Entender por qué el ser humano no es comparable a un animal y que jamás podremos ser sustituidos por la inteligencia artificial. Ni un animal ni una máquina tienen lo que hace al ser humano único: su conciencia.

Este texto bíblico nos desvela una antropología clara en estos tiempos de confusión. Saber que somos capaces de conocer la Verdad, que existe y se nos ha transmitido. La Verdad que no determina ninguno de nosotros, pero que podemos descubrir en nuestro interior. Y en esa búsqueda en lo más profundo y real de nosotros mismos encontrar nuestra dignidad. La que Dios mismo nos comunicó cuando sopló sobre aquel barro.

Prefacio

La Iglesia católica, en el número 397 del Catecismo, afirma que el mal en el mundo es consecuencia de una desobediencia a Dios por parte de los primeros hombres, Adán y Eva. Esta desobediencia es considerada el primer pecado, que está en el origen de todos: el pecado original.[1] Siguiendo con esa interpretación, como consecuencia de ese pecado, los primeros seres humanos, que habían sido creados por Dios para la eterna felicidad, fueron castigados con la expulsión del entorno idílico en el que vivían y condenados al sufrimiento y a la muerte en un mundo hostil. Pero no solo eso, esta interpretación del relato bíblico entiende que esa desobediencia tiene consecuencias para toda la humanidad,[2] puesto que sostiene que los descendientes de aquellos primeros humanos —todos nosotros— heredamos al nacer ese primer pecado de Adán y Eva,[3] que, en última instancia,

---

1 *Catecismo de la Iglesia católica*, 111, n. 397: «El hombre tentado por el diablo, dejó morir en su corazón la confianza hacia su creador y, abusando de su libertad, desobedeció al mandamiento de Dios. En esto consistió el primer pecado del hombre».

2 Ibíd., 113, n. 404: «Todo el género humano es en Adán *como el cuerpo único de un único hombre* (Santo Tomás de Aquino). Por esta unidad del género humano, todos los hombres están implicados en el pecado de Adán».

3 Josep GIL I RIBAS, *Antropologia Teológica. Pecat i gràcia*, 173: «La tesis es ésta: Hay un pecado que cambia la condición total de la humanidad, y lo más probable es que este pecado haya sido el primero, que ha introducido una novedad cósmica absoluta en el mundo material (sin que, por ahora, queramos explicar el cómo de este cambio o novedad). Después de millones de años, en que la evolución iba avanzando en la línea querida por Dios, se produce una parada e, incluso, un retroceso gravísimo en el

podría llegar a ampliar hasta el sufrimiento eterno en el infierno, nuestro sufrimiento actual si no aceptamos la salvación realizada por Cristo.

Este trabajo propone retomar la interpretación de Gn 3 desde una perspectiva en la que el pensamiento moderno y la teología se iluminen mutuamente. Porque a nuestro entender la interpretación del Catecismo que acabamos de exponer resulta difícil de aceptar para el hombre moderno y cuesta armonizarla con los nuevos postulados de la ciencia sobre la evolución humana[4] según la cual procedemos de unos antepasados de la familia de los primates, los homínidos, que evolucionaron hasta convertirse en el hombre actual. La misma Iglesia se lo pide a la exégesis,[5] en el documento *Interpretación de la Biblia en la Iglesia*, haciéndose eco de la petición de León XIII en la encíclica *Providentissimus Deus* de «estimular» los estudios de la Sagrada Escritura y «orientarlos de una manera que corresponda mejor a las

---

movimiento evolutivo, parada causada por eso que conocemos con el nombre de pecado de Adán y Eva».

4 Richard J. CLIFFORD - Roland E. MURPHI - O. CARM, *Nuevo Comentario Bíblico San Jerónimo. Antiguo Testamento*, 11: «A los lectores modernos, que no están habituados a contar historias como expresión de los contenidos del pensamiento, les cuesta trabajo apreciar la profundidad y la perdurable relevancia de estos capítulos. Incluso hay lectores que concentran todas sus energías en defender la "interpretación literal" , especialmente de los caps. 1-3, en contra de la teoría moderna de la evolución, algo que jamás habrían hecho los antiguos autores del Génesis, que aceptaban sin problema alguno las diferentes versiones».

5 *Interpretació de la Bíblia en l'Església. Pontifícia Comissió Bíblica*, 37 «El estudio de la Biblia no se ha acabado nunca; cada época ha de tratar de entender los Libros Santos de una manera nueva, a su manera».

necesidades de la época».[6] Este documento ha sido una brújula que nuestro trabajo ha tratado de seguir fielmente. En él, la Iglesia actual demanda a la exégesis, entre otros requisitos, conciliar fe y razón y que no haya contradicción entre los textos bíblicos.[7]

El enfoque que proponemos se basa en la que es llamada en su conjunto «Historia de la Salvación», la Biblia que es una revelación progresiva de Dios que empieza a formular de forma aún velada el Antiguo Testamento para acabar de alumbrarla el Nuevo Testamento.[8]

Por eso, siguiendo la reclamación del citado documento de la Pontificia Comisión Bíblica a propósito de una aproximación canónica,[9] someteremos la interpretación

---

6 Ibíd., 24. Enchiridion biblicum, 82.

7 Ibíd., 57-59: «La Biblia no se presenta como un conjunto de textos sin relación entre ellos, sino como un conjunto de testimonios de una misma gran Tradición [...] la exégesis bíblica ha de tener en cuenta este hecho [...] la aproximación "canónica" [...] quiere llevar a cabo una tarea teológica de interpretación partiendo del marco explícito de la fe: la Biblia en su conjunto. [...] Para hacerlo interpreta cada texto bíblico a la luz del canon [...] Un libro no se convierte en bíblico si no es a la luz del Canon entero».

8 *Dei Verbum. cap. IV. Concilio Ecuménico Vaticano II. Constituciones, Decretos y Declaraciones*, 173-174, n. 15-16 : «Estos libros (los del Antiguo Testamento), aunque contienen elementos imperfectos y pasajeros, nos enseñan la pedagogía divina [...]Dios es el autor que inspira los libros de ambos Testamentos, de modo que el Antiguo encubriera el Nuevo, y el Nuevo descubriera el Antiguo».

9 *La Interpretación de la Biblia en la Iglesia*, 58: «Constatando que el método histórico crítico encuentra a veces dificultades para conseguir, en sus conclusiones, el nivel teológico, la aproximación "canónica" [...] quiere llevar a cabo una tarea teológica de interpretación partiendo del marco explícito de la fe:

de Gn 3 a la luz del canon entero, «con el objetivo último de que sin dejar de ser fieles al espíritu con que fue escrito, el texto pueda alcanzar el corazón del hombre de hoy».[10]

La hipótesis que planteamos y creemos haber podido fundamentar es que el estilo literario simbólico de Gn 3 puede estar relatando no un momento trágico en la historia del hombre sino un acontecimiento positivo y esencial: el despertar de la conciencia moral. Más que el origen del pecado sería el origen de la conciencia de pecado. Por tanto, no habría una caída, sino más bien *una caída en la cuenta*. Un discernimiento. El reconocimiento de la propia culpabilidad, que antes no existía no por la ausencia de maldad por parte del hombre sino por su carencia de luz para reconocerla.

Nuestro trabajo está estructurado en dos partes. Tras la presentación del tema en esta introducción, la primera parte consta de tres capítulos y las conclusiones. El primero está dedicado a la exposición detallada de nuestra hipótesis interpretativa del fragmento de Génesis 3. La hipótesis, en nuestra opinión, armoniza bien con la moderna teoría de la evolución, también con los textos bíblicos fundamentales, con la patrística, con las propuestas de teólogos contemporáneos y con la razón expresada a través del pensamiento de algunos de los

---

la Biblia en su conjunto. Para hacerlo, interpreta cada texto bíblico a la luz del Canon de las Escrituras».

10 Ibíd., 32-33: «La Biblia ejerce su influencia a lo largo de los siglos. Un proceso constante de actualización adapta la interpretación a la mentalidad y al lenguaje contemporáneos. [...] Por tanto, hay que volver a traducir constantemente el pensamiento bíblico al lenguaje contemporáneo, para que se exprese de una manera adaptada a los oyentes».

principales filósofos de la historia. En el segundo, analizamos el texto bíblico inspirándonos en el método narrativo porque a él «se le pide que rehabilite en contextos históricos nuevos los modos de comunicación y de significación propios de la narración bíblica, para abrir mejor el camino a su eficacia para la salvación», según indica el documento de la Pontificia Comisión Bíblica, que añade: «Se insiste en explicar la salvación con vista a la salvación». El análisis narrativo presenta una utilidad evidente —continúa señalando el documento— porque «puede contribuir a facilitar el paso, a menudo dificultoso, entre el sentido del texto en su contexto histórico y el sentido profundo que abarca el texto para el lector de hoy».[11]

Nos parece, por tanto, que es el método idóneo para conducirnos a uno de los principales objetivos de este trabajo: demostrar que Génesis 3, en su sentido más pleno, tiene un mensaje vigente que ofrecer al hombre de hoy.

En nuestro análisis también nos apoyamos en el criterio que la Pontificia Comisión Bíblica define como «la Escritura por la Escritura» que, además, considera el «más seguro y más fecundo, especialmente en el caso de textos del Antiguo Testamento».[12]

La segunda parte, está destinada a fundamentar nuestra tesis en textos de la teología y la filosofía, y consta de tres capítulos y las conclusiones.

En primer lugar, recurrimos a las dos principales fuentes de la Revelación: Escritura y Tradición. A la Escritura

---

11 *La Interpretación de la Biblia en la Iglesia*, 54.
12 Ibíd., 111.

dedicamos el primer capítulo de esta segunda parte, el capítulo 4 del trabajo en su conjunto, que subdividimos en textos del Antiguo y del Nuevo Testamento. Del Antiguo Testamento hemos elegido las lecturas seleccionadas por la Iglesia Católica Romana para ser proclamadas en la celebración de la Víspera Pascual. Del Nuevo Testamento, hemos optado por las cartas de San Pablo. Son textos que apoyan y dan más solidez a la interpretación que hacemos de Gn 3. A continuación, acudimos a La Tradición, a la que dedicamos el capítulo 5. Contrastamos nuestra exégesis con autores y obras de la Patrística: fundamentalmente, nos fijamos en los tratados de la gracia de San Agustín, y observamos también a San Ireneo. Asimismo, argumentamos a partir de textos conciliares del magisterio de la Iglesia

El capítulo 6 está dedicado a la teología contemporánea. Hacemos un breve recorrido por las reflexiones de teólogos católicos y protestantes: Teilhard de Chardin y Walter Kasper, Karl Barth y la mística judía Edith Stein.

El capítulo 7, y último, corresponde a los argumentos filosóficos. Buscamos el diálogo con la razón, para lo cual paseamos nuestra mirada por el pensamiento de grandes filósofos: Platón, Aristóteles, Spinoza, Pascal, Kant y Albert Camús.

Todo lo anterior, nos conducirá a unas conclusiones en las que, apoyados en todo lo expuesto anteriormente, sostenemos una tesis fundamental: que la salvación del ser humano decidida por Dios desde toda la eternidad nunca ha sido puesta en riesgo por Adán sino que comenzó con él, que se encuentra ahora en proceso, acogiendo a todos los seres humanos que han existido desde el principio, y que concluirá felizmente por Cristo, por pura gracia, y, en consecuencia, abrazará a todo el género humano, sin exclusiones.

PRIMERA PARTE

Capítulo 1

LA HIPÓTESIS

1.1. Un texto desconcertante para el hombre de hoy

El hombre de hoy, sediento de Dios aun sin saberlo, no puede entender fácilmente algunos fragmentos de la Biblia. Muchos confiesan que les resulta difícil de aceptar la supuesta crueldad del Dios que observan que se desprende de ciertos textos. Comencemos por el principio: con el libro del Génesis. En una primera lectura, puede parecer que este primer libro, en su tercer capítulo, nos presenta a un creador prepotente y soberbio. Ante un texto semejante, algunos sienten un rechazo casi visceral. El hombre moderno, heredero de Freud, siente la necesidad de matar a ese padre/patrón que expulsa a Adán y Eva del Paraíso. Parece la misma clase de dios que le asfixia todavía con prohibiciones incomprensibles, como aquella primera de comer del árbol del conocimiento del bien y del mal (Gn 2,17).

El hombre actual, hijo de la Ilustración, enamorado de su razón y de los frutos que está obteniendo de ella el conjunto de la humanidad, es un hombre ansioso de conocimiento al que le cuesta juzgar bueno a un Dios que parece querer privar al hombre[13] de un afán que le constituye en su misma esencia: el afán de saber. De comprender. El Dios que nos presenta el Génesis prohíbe a los primeros hombres que coman del fruto del árbol que

---

13 Utilizamos el genérico hombre entendido como hembra y varón.

21

está en medio del jardín, que es descrito también como el «árbol del conocimiento del bien y del mal» y como «árbol de la vida».[14] Especialmente virulento puede resultar el fragmento de Gn 3,22-23: «Después, el Señor pensó: Ahora que el hombre es como uno de nosotros, conocedor del bien y del mal, solo le falta echar mano al árbol de la vida, comer su fruto y vivir para siempre.»

¿Por qué prohíbe Dios a los primeros humanos comer del árbol del conocimiento del bien y del mal? Es un árbol esencial. Tanto que a nuestro juicio el relato lo asimila con el árbol de la vida ¿No iban a querer comer el hombre y la mujer del árbol de la vida? A nosotros nos parece un deseo muy natural. Nos identificamos con ellos. No, en cambio, con un Dios celoso del hombre, al que parece temer como un posible rival (Gn 3,22-23).

Los escolásticos sostienen que cuando un texto de la Biblia va contra nuestra razón (no que la sobrepase, sino que la contradiga) o contradice a otros es sospechoso de haber sido mal interpretado.[15] En el que analizamos, la idea de Dios dista del Dios-amor que nos revela Jesús: el que nos llama a perdonar «setenta veces siete» (Mt 18,21-22). El Dios de Gn 3 no solo castiga a los primeros

---

14 Gn 2,9

15www.monografías.com/trabajos/filosofmedia/filosofmedia.shtml.
  Filosofía medieval. El escolasticismo: «El objetivo esencial de los escolásticos determinó algunas actitudes comunes, de las que la más importante fue su convicción de la armonía fundamental entre razón y revelación. Los escolásticos afirmaban que el mismo Dios era la fuente de ambos tipos de conocimiento y la verdad era uno de Sus principales atributos. No podía contradecirse a Sí mismo en estos dos caminos de expresión. Cualquier oposición aparente entre revelación y razón podía deberse o a un uso incorrecto de la razón o a una errónea interpretación de las palabras de la revelación».

desobedientes sino que, según se ha interpretado después, hace pagar el castigo de su supuesta desobediencia a la humanidad entera.[16] Esta reacción no corresponde ni siquiera con el Dios justo que descubren los israelitas y que nos transmite el Antiguo Testamento.

1.2. LA NECESIDAD DE REINTERPRETAR EL MITO

Adán y Eva no serían, según nuestra hipótesis interpretativa, una primera pareja de humanos perfectos creados por Dios para que habitaran felices en un entorno idílico, que lograron truncar el plan del creador y que, a consecuencia de ello, fueron castigados con la expulsión del Paraíso. Y menos aún serían ellos, por su desobediencia, la causa de nuestro sufrimiento al haber heredado su castigo, aun sin haber intervenido en aquel supuesto pecado consistente en la soberbia de querer ser como Dios y marcar sus propias normas de comportamiento.

Nuestra hipótesis no contempla que el ser humano haya gozado jamás en su historia de una vida feliz en un Paraíso. Y, sin embargo, estamos convencidos de que el relato de Génesis 3 intenta transmitirnos un momento de la máxima importancia en la historia de la humanidad.[17]

---

16 Josep GIL I RIBAS, *Antropologia Teològica (Pecat i gràcia)*, 153: «A la cultura actual, le cuesta aceptar la presencia en cada uno de los hombres de un verdadero pecado que precede a los actos libres y conscientes de la persona y de su libertad, y la conexión de este pecado con el pecado del primer hombre del cual toda la humanidad actual derivaría por generación.».

17 Ibíd., 163: «Es normal la pregunta de si este status existió históricamente o no. Las ciencias, ciertamente, no pueden aceptar la situación de perfección descrita en el Génesis. La teología, por su cuenta, a partir de los años sesenta, manifiesta cada vez más convicción de que este status hay que considerarlo como virtual

Esa pareja de humanos no es, a nuestro juicio, una pareja histórica sino arquetípica. Representa a la humanidad recién nacida. Al hombre. Que lo es porque es la única criatura que posee una capacidad singular, exclusiva: la capacidad de distinguir el Bien del Mal.

Así, sostenemos que Gn 3 podría estar relatando no un momento trágico en la historia del hombre sino un acontecimiento positivo y esencial: el despertar de la conciencia moral, que —defendemos— es lo que identifica al hombre. Un ser potencialmente libre porque, a diferencia del resto de las criaturas, es capaz de eludir la ley implacable por la supervivencia que rige para todas ellas y optar entre el bien y el mal que, aunque imperfectamente, empieza a distinguir.

Un aspecto importante de nuestra argumentación para defender esta exégesis es el concepto de libertad. Libertad, sostenemos, no es exactamente la capacidad de optar entre el bien y el mal, el más preciado don de Dios junto al de la vida, al que la exégesis tradicional atribuye el gran mal del pecado. Defendemos que libertad es la capacidad de eludir el mal y optar por el bien. El hombre es esclavo de su pasado animal cuando peca y libre cuando vence esa pulsión egoísta y se ocupa de su semejante. Cuando ama. El hombre solo está *en camino* hacia la libertad. El único ser totalmente libre es Dios.

---

en el sentido de que el hombre fue creado metafísicamente abierto a la perfección paradisíaca; una perfección que, más que perdida, hay que considerar como alejada hasta el estadio escatológico».

1.2.1. *El paraíso de la inconsciencia*

A nuestro juicio, lo que hace hombre al hombre y le distingue del resto de los seres vivos, no es el bipedismo, como aventuró el gran Darwin, que tanto ha contribuido a que releamos y reinterpretemos más correctamente el mensaje profundo de la Biblia, y como sostienen todavía algunos científicos materialistas. Tampoco es la inteligencia: los animales también la poseen, aunque en un grado menor. Lo que hace hombre al hombre —defendemos— es la libertad que le da estar dotado de conciencia moral.

Esa conciencia moral —siempre según la hipótesis que propone este trabajo— es la que suscita en él, es decir en la humanidad, por primera vez, el sentimiento de culpa al contravenir los planes divinos. Pero no es que antes de ese momento no los contraviniera: lo que entendemos que ocurría es que no era consciente de ello. En definitiva, lo que vamos a defender que puede estar transmitiéndonos el relato del Génesis 3 no es el origen del pecado sino *el origen de la conciencia de pecado*. Por tanto, —siempre según nuestra hipótesis— no es el pecado original sino esa capacidad de empezar a distinguir el Bien del Mal lo que heredamos los descendientes de los primeros humanos: precisamente, lo que nos hace humanos. Más que una caída sería una caída en la cuenta. El supuesto paraíso del que según nos cuenta el relato fueron expulsados los primeros hombres no sería sino el paraíso de la inconsciencia, en el que vivían porque aún no había despertado en ellos la conciencia.

Con lenguaje simbólico, Gn 3 estaría relatando el momento (que pudo transcurrir en un instante o a lo largo de miles o millones de años) en que aquel aparente simio

—o aquellos aparentes simios— descubrieron dentro de sí mismos la luz que les hacía gozar del bien y sufrir por el mal. El relato podría desvelarnos el primer sentimiento de culpabilidad del ser humano que tiene conciencia del daño infligido a otro. Que es ya capaz de sentir empatía. De hacer el gran viaje: del yo al otro. Que, por eso, tiene conciencia de pecado. Y sobre todo: que, por eso, y solo por eso, es hombre.

Posiblemente, en ese momento, el hombre intuyó su destino —el Paraíso junto a Dios (el Bien supremo)— al comprender con dolor lo lejos que estaba de Él. Esto último, podría ser lo que la Biblia relata simbólicamente con la imagen de una expulsión. Expulsión no porque aquel primer hombre cabal perdiera ningún Paraíso, sino porque llegó a comprender que no se encontraba en el lugar (no físico sino existencial) al que estaba destinado. La imagen de la expulsión puede ser una acertada metáfora para explicar la idea de que la humanidad se reconoce a sí misma —ahora ya de forma consciente— muy alejada del Bien Supremo.

En este momento preciso se produce, por lo tanto, el gran distanciamiento —e incluso la enemistad— del hombre con el mundo animal y violento, representado por la serpiente. Por eso, tras el relato de la expulsión del Paraíso, la Biblia comienza a desgranar los pecados concretos —el primero, el de Caín y Abel— que reflejan lo que la humanidad venía haciendo desde siempre, pero la diferencia ahora es que ha despertado y comprende, porque lo experimenta, que es una actuación contraria a su naturaleza como ser humano, creado a imagen y semejanza de Dios. Este es el tipo de saber que ha adquirido el hombre al comer del fruto del árbol del conocimiento del bien y del mal.

1.2.2. *No una uve sino una línea siempre ascendente*

De ser, como defendemos, un despertar de la conciencia lo que desvela el relato, el gráfico evolutivo que se dibujaría en la trayectoria del ser humano en la tierra comenzaría en ese momento y no tendría forma de uve, es decir, de caída al abismo, para volver a ascender. La hipótesis que defendemos sostiene que el hombre es un ser que ha ido evolucionando desde el comienzo de su existencia.

Sostenemos, pues, que la causa del mal no es una supuesta desobediencia, que arrancó al hombre de un estado de plena felicidad, sino su imperfección, que ya le constituía antes del despertar de su conciencia, pero que todavía no era capaz de reconocer. Imperfección en sentido etimológico significa inacabado. Entendemos que el mal persiste porque la creación está inacabada. Defendemos que Dios nos está creando todavía, en lo que para Él es un hoy eterno, pero para nosotros un proceso, como un parto doloroso, porque no hemos llegado al destino que anhelamos.[18]

Esta hipótesis tendría unas consecuencias teológicas importantes y nos conducirá a una conclusión: el mal acabará cuando Dios culmine el alumbramiento del mundo nuevo.[19] Cuando nos acabe de transmitir el auténtico Conocimiento, que no es solo conocimiento intelectual sino capacidad de conocerle a Él completamente y de amar, que viene a ser la misma cosa. Así, pues, aventuramos que la Buena Nueva llegará cuando Dios, a través de la adopción en Jesús de la

---

18 Romanos 8,22-23.
19 Ap 21, 1.

naturaleza humana, complete en nosotros aquel corazón nuevo que ya anunciaron los profetas.[20]

La salvación empieza a ser vislumbrada y anhelada desde Adán, pero alcanzarla resulta imposible[21] para el ser humano. Solo podrá llevarla a cabo el Hombre con mayúscula, el Dios hecho hombre, Jesús, nuestro Salvador. Cristo es el segundo Adán (Rm 5,12-21). Alfa y omega en el abecedario de la humanidad. Jesús libera al hombre de la esclavitud de la ley de la selva en la que rige el egoísmo y la lucha por la propia supervivencia, y le entrega un Espíritu nuevo para que pueda amar y así llegar a ser verdaderamente libre, plenamente humano y adquirir la visión beatífica. Esta es nuestra hipótesis.

---

20 Ez 36, 24-29.

21 GIL I RIBAS, *Antropologia Teològica. Pecat i gràcia*, 201: «El hombre en estado de pecado original es ciertamente libre, pero es incapaz de optar por Dios como amigo y salvador porque sin la revelación y la gracia le faltan las condiciones para el diálogo».

Capítulo 2

ANÁLISIS DE TEXTO

INTRODUCCIÓN

El texto que nos proponemos analizar, Génesis 3, pertenece a la segunda de las dos narraciones sobre la Creación (2,4b-3, 24) que nos ofrece el primer libro de la Biblia. Ambas se inscriben dentro del bloque Gn 1-11, que recoge una serie de relatos iniciales de alcance universal, inspirados en mitos de Oriente Medio de los que toman parte de su simbología, aunque las narraciones bíblicas imprimen su propio sello, menos mitologizado.[22]

El primero de los dos relatos de la Creación, el Sacerdotal (P), (Gn 1,31-2,1-4a), proclama la creación de todo el universo paso a paso e incluye la del hombre como broche final. En cambio, el segundo, el Yahvista (J),[23] (Gn 2,4b-3,24), otorga el protagonismo claro al ser humano. El mundo aquí tiene un papel secundario. Es descrito como un jardín y aparece como su mero entorno vital.

El relato Yahvista de los orígenes ha sido estructurado por los estudiosos en tres actos y un epílogo: creación

---

22 Juan GUILLÉN Y Joaquín MENCHÉN, *La Biblia*, 25: «Ni Génesis ni el resto del Antiguo Testamento contienen mitos propiamente dichos, ya que el monoteísmo bíblico excluye cualquier expresión de lucha, genealogías o muerte de dioses. Sin embargo sí ha conservado expresiones, símbolos y motivos de origen mítico, procedentes de los pueblos y culturas circundantes».

23 Gerhard VON RAD, *El Libro del Génesis*, 30: «Más antiguo que el anterior aunque aparezca en segundo lugar. Se le asigna una fecha en torno al año 955 a. C.».

(Gn 2,4b-25), pecado (Gn 3,1-7), castigo (Gn 3,8-21) y epílogo (Gn 3,22-24). El autor trata de dar respuesta a las preguntas que el ser humano se plantea acerca de sí mismo: su origen, el sentido del dolor y de la muerte, la dualidad de sexos, el porqué de la dureza del trabajo o el misterio de la maternidad. Si en el primero de los actos, el de la creación (Gn 2,4b-25), el autor o redactor aborda sobre todo la relación hombre-tierra, en Gn 3,1-24, en el que vamos a detener nuestra mirada, se atreve a resolver la relación del hombre (Adán y Eva) con su creador.

El relato que a continuación vamos a analizar, habla, pues, del hombre. Y de Dios. Del hombre que se descubre a sí mismo en su esencia más profunda y, por eso, descubre a Dios. El autor del yahwista «no describe al hombre que se cree solo en el mundo con sus desesperaciones y sus deseos, sino a ese hombre al que se reveló el Dios vivo, a ese hombre por tanto que se ha convertido en objeto de interpelación divina, de divino juicio, de actuación y salvación divinas».[24] Y habla también de Dios. Yahwé es el Dios del mundo, su ser es sentido por doquier con el más profundo de los respetos [...]. Y sin embargo la narración yahwista, precisamente, está llena de los antropomorfismos más osados. «Con el fresquito del atardecer, Yahwé pasea por el jardín [...]. Pero habla algo que es totalmente distinto del candor ingenuo de un narrador arcaico; más bien se trata de esa despreocupación, de esa falta de reparos que no puede ser

---

24 Richard J. CLIFFORD, S. J., Roland E. MURPHIY, *Nuevo Comentario Bíblico San Jerónimo. Antiguo Testamento*, 15: «El origen de los seres humanos no está en el agua o en la tierra, como las plantas, los peces, las aves y los animales; su origen está en la decisión divina "a nuestra imagen, según nuestra semejanza". El ser humano es una escultura de la divinidad, pero no estática, sino dinámica».

más que huella de una espiritualidad elevada y madura»,[25] escribe Von Rad.

2.1. LOS PERSONAJES Y SUS NOMBRES, EL ESCENARIO, LA ACCIÓN

En el relato del yahwista participan cuatro personajes: Adán, Eva, la serpiente y Dios. Pese a ello, en este análisis, entendemos que los relevantes son dos: Adán y Eva. Si simplificamos todavía más, podemos decir que uno solo: el ser humano, entendido como hombre y mujer. El ser humano que nace. Y nace al hacerse consciente de quién es: un ser que escucha dentro de sí dos voces, la de su concupiscencia, que atiende a su pasado animal y está representada por la serpiente apegada a la tierra, y la de Dios que acaba de descubrir en su interior. Sus nombres y el de Dios nos transmiten una información del máximo interés. Veamos.

Adán significa persona humana. En hebreo, es una denominación similar a la que se usa para definir la tierra: Adama.[26] Su nombre, por tanto, nos desvela su procedencia, la materia de la que fue creado: el barro. Eva significa madre de los vivientes. Los nombres de los dos protagonistas, por tanto, nos indican que representan a la humanidad entera. Así, podemos considerar que su historia es también la nuestra. Su destino, nuestro destino. El de toda la humanidad.

---

25 Gerhard VON RAD, *El libro del Génesis*, 32.
26 Richard J. CLIFFORD, Roland E. MURPHY, *Nuevo Comentario bíblico San Jerónimo*, 16: «El hombre, "ha adam", es formado a partir de la tierra, "ha adama", lo que da lugar a que algunos especialistas propongan la traducción "criatura de tierra" o "criatura terrena" en lugar de "hombre" subrayando de este modo su origen terreno».

El nombre de Dios es Yahvé-Elohim, algo que no se repite en ningún otro relato bíblico.[27] El exegeta Amador Ángel García Santos argumenta que ese doble nombre representa los dos rasgos característicos de Dios: la justicia (Elohim) y la misericordia (Jahwé). «En el judaísmo palestino, donde Dios es llamado Yhwh actúa la misericordia, cuando es llamado 'elohîm, actúa la justicia»,[28] afirma. Ambas cualidades, pues, quedan íntimamente unidas en este pasaje singular. Algo que consideramos de gran importancia. En nuestro trabajo, interpretamos que significa lo siguiente: la justicia de Dios es la misericordia.

La serpiente no tiene nombre, hecho que interpretamos como un signo de que el mal no tiene entidad. En contraposición a Dios que es El que Es.

El escenario es un huerto o jardín. Cualquiera de las dos acepciones representa el mundo, el entorno vital del hombre. Y en el centro hay un árbol esencial en la trama, porque al comer de su fruto cambia sustancialmente el destino del ser humano. ¿Pero son dos árboles distintos o uno solo? El fragmento que vamos a analizar no pone nombre al árbol prohibido: lo identifica por su ubicación «en medio del jardín».

Los exegetas no coinciden en una única postura. Para Richard J. Clifford y Roland E. Murphy «hay dos árboles que están situados fuera del control humano: el árbol de la vida y el árbol del conocimiento del bien y del mal —se

---

27 *Nuevo comentario bíblico San Jerónimo*, 16: «Los nombres divinos aparecen solamente en este capítulo; no está claro el significado preciso de esta doble denominación».

28 Amador Ángel GARCÍA SANTOS, *El Pentateuco historia y sentido*, 80.

refieren a la descripción que se hace en Gn 2,9—. El árbol de la vida aparece de nuevo al final del relato (Gn 3, 22) como una tentación permanente. Para evitar el peligro, Dios expulsa del jardín a la pareja. Si hubieran comido de él vivirían para siempre, es decir, serían dioses.[29] Otros estudiosos, como Gerhard von Rad[30] o el francés Jean Marie Husser,[31] consideran, en cambio, que ambos árboles parecen ser en realidad uno solo, atendiendo al lugar que el relato bíblico dice que ocupan: el centro del jardín.

La aplicación del método narrativo, en el que se inspira nuestro análisis, nos permite observar que no estamos ante un texto que narre una historia que sucede, sino más bien ante un texto que comenta: casi todo es diálogo, reflexión sobre un problema. La escena carece prácticamente de acción. Más bien parece el relato de una profunda meditación del hombre acerca de sí mismo, que constituye una información de gran valor para el hombre de hoy. A pesar de la antigüedad del relato y de la independencia y libertad con la que parece que escribió su autor, «el espíritu estuvo completo desde muy temprano», escribe Von Rad, citando a J. Burckhart. Y añade: «El miedo a reconocer una espiritualidad sublime "ya" en los primeros tiempos de la realeza es, en mi opinión, un cientifismo erróneamente aplicado».[32]

---

29 *Nuevo Comentario Bíblico San Jerónimo*, 16.
30 G. VON RAD, *El libro del Génesis*, 92.
31 J.M. HUSSER, *Entre Mythe et philossophie: La relecture sapientielle de Genèse 2-3*.
32 Gerhard VON RAD, *El libro del Génesis*, 16.

Tras estas consideraciones previas, reproducimos a continuación el texto bíblico que nos disponemos a analizar:

2.2. EL DRAMA DEL PARAÍSO

(Gn 3,1-21) «La serpiente era el más astuto de todos los animales del campo que había hecho el Señor Dios. Fue y dijo a la mujer:

—¿Así que Dios os ha dicho que no comáis de ninguno de los árboles del huerto?

La mujer respondió a la serpiente:

—¡No! Podemos comer del fruto de los árboles del huerto; solo nos ha prohibido, bajo pena de muerte, comer o tocar el fruto del árbol que está en medio del huerto.

Replicó la serpiente a la mujer:

—¡No moriréis! Lo que pasa es que Dios sabe que en el momento en que comáis se abrirán vuestros ojos y seréis como Dios, conocedores del bien y del mal.

La mujer se dio cuenta entonces de que el árbol era bueno para comer, hermoso de ver y deseable para adquirir sabiduría. Así que tomó de su fruto y comió; se lo dio también a su marido, que estaba junto a ella, y él también comió. Entonces se les abrieron los ojos, se dieron cuenta de que estaban desnudos, entrelazaron hojas de higuera y se hicieron unos ceñidores.

Oyeron después los pasos del Señor Dios que se paseaba por el huerto al fresco de la tarde, y el hombre y su mujer se escondieron de su vista entre los árboles del huerto.

Pero el Señor Dios llamó al hombre diciendo:

—¿Dónde estás?

El hombre respondió:

—Oí tus pasos en el huerto, tuve miedo y me escondí, porque estaba desnudo.

El Señor Dios replicó:

—¿Quién te hizo saber que estabas desnudo? ¿Has comido acaso del árbol del que te prohibí comer?

Respondió el hombre:

—La mujer que me diste por compañera me ofreció el fruto del árbol, y comí.

Entonces el Señor Dios dijo a la mujer:

—¿Qué es lo que has hecho?

Y ella respondió:

—La serpiente me engañó, y comí.

Entonces, el Señor Dios dijo a la serpiente:

—Por haber hecho eso, serás maldita entre todos los animales y entre todas las bestias del campo. Te arrastrarás sobre tu vientre y comerás polvo todos los días de tu vida. Pondré enemistad entre ti y la mujer, entre tu linaje y el suyo; él te herirá en la cabeza, pero tú solo herirás su talón.

A la mujer le dijo:

—Multiplicaré los dolores de tu preñez, parirás a tus hijos con dolor; desearás a tu marido, y él te dominará.

Al hombre le dijo:

—Por haber hecho caso a tu mujer y haber comido del árbol prohibido, maldita sea la tierra por tu culpa. Con fatiga comerás sus frutos todos los días de tu vida. Ella te dará espinas y cardos, y comerás la hierba de los campos. Con el sudor de tu frente comerás el pan, hasta que vuelvas a la tierra, de la que fuiste formado, porque eres polvo y al polvo volverás.

El hombre puso a su mujer el nombre de Eva —es decir, Vitalidad—, porque ella sería madre de todos los vivientes. El Señor Dios hizo para Adán y su mujer unas túnicas de piel, y los vistió.

Epílogo (Gn 3,22-24)

Después el Señor Dios pensó: "Ahora que el hombre es como uno de nosotros, conocedor del bien y del mal, solo le falta echar mano al árbol de la vida, comer su fruto y vivir para siempre".

Así que el Señor Dios lo expulsó del huerto de Edén, para que trabajase la tierra de la que había sido sacado. Expulsó al hombre y, en la parte oriental del huerto de Edén, puso a los querubines y la espada de fuego para guardar el camino del árbol de la vida.

2.2.1. El diálogo entre la serpiente y Eva

La serpiente es el primero de los seres creados a los que la Biblia da voz. Por tanto, vamos a comenzar nuestro análisis fijándonos en este personaje: ¿quién es? ¿A quién representa?[33]

Gn 3,1: La serpiente era el más astuto de todos los animales del campo que había hecho el Señor Dios. Fue y dijo a la mujer:

—*¿Así que Dios os ha dicho que no comáis de ninguno de los árboles del huerto?*

François Castel en su libro *Comienzos* rechaza la identificación de la serpiente del Génesis con el diablo.[34] Explica que la raíz *'rwm* hebrea que puede traducirse por «desnudo» o también por «sabio» es la misma que emplea el texto para calificar a la serpiente como animal «astuto». «¿Cuál es entonces ese animal, el más astuto de los animales del campo, que aquí se presenta? ¿Cuál es ese animal dotado de palabra? ¿Cómo hemos de comprenderlo?», plantea.

«La mayor parte de las mitologías consideraba que la creación se hacía a partir de un caos primitivo que el dios tenía que vencer primero para asegurar un orden nuevo. En Gn 2, este tema del caos quedaba tan solo meramente aludido en la desnudez de la tierra. La serpiente, que aquí surge, ¿sería el recuerdo de todos los monstruos marinos representantes del mal primordial? [...] La irrupción de la

---

33 *Nuevo comentario bíblico San Jerónimo. Antiguo Testamento*, 17: «La serpiente no es satanás, aunque así la interpretarán las tradiciones tardías.» (p.ej., Sab 2, 24).

34 François CASTEL, *Comienzos. Los once primeros capítulos del Génesis*, 68.

serpiente sería entonces una réplica de Gn 1,2.[35] Sin más explicaciones, nos enteraríamos de que el mal existe antes que el hombre, como una amenaza». Pero esta posibilidad lleva al exegeta a la siguiente conclusión: «Si seguimos este camino, el hombre no está en el origen del mal, sino que se encuentra con el mal que le precede [...] Y el hombre tendría que escoger sin criterio. No obstante, el texto bíblico parece excluir esta visión de las cosas. La serpiente no es primordial, no es anterior a todas las demás cosas, sino criatura de Dios, ya que forma parte de la especie animal».[36]

Por su parte, los exegetas Antonio G. Lamadrid, Joaquín Menché, Santiago Guijarro y Miguel Salvador se refieren así al simbolismo de la serpiente: «La serpiente, presentada como el animal más 'astuto', es un personaje literario, sin connotaciones demoníacas...».[37] Los exegetas citados, responsables de las revisiones de las introducciones y las notas de la Biblia editada por la Casa de la Biblia, expresamente autorizada por la Conferencia Episcopal Española, consideran que la elección de ese reptil como metáfora por parte del autor del texto «obedece probablemente a intenciones polémicas (su divinización en los cultos cananeos de la fertilidad) y simboliza la tentación (al igual que los cultos cananeos para el antiguo Israel) [...] Su propósito —aventuran— es sembrar desconfianza con relación a Dios. Es la vieja (y siempre actual) tentación prometeica de dominar a Dios, conocer su secreto para ser como él».[38]

---

35 *La Biblia*: «La tierra era una soledad caótica y las tinieblas cubrían el abismo...».
36 CASTEL, *Comienzos*, 68.
37 *La Biblia (La Casa de la Biblia)*, 30.
38 Ibíd., 30.

El Catecismo de la Iglesia católica,[39] sí, identifica a la serpiente con el diablo. Se apoya en los siguientes textos bíblicos, que cita: «Vuestro padre es el diablo, le pertenecéis a él, e intentáis complacerle en sus deseos. Él fue homicida desde el principio. Nunca se mantuvo firme en la verdad. Cuando miente, habla de lo que lleva dentro, porque es mentiroso por naturaleza y padre de la mentira.» (Jn 8,44). «Y el gran dragón que es la antigua serpiente, que tiene por nombre Diablo y Satanás y anda seduciendo a todo el mundo, fue precipitado a la tierra junto con sus ángeles» (Ap 12,9). «Dios creó al hombre para la inmortalidad, y lo hizo a imagen de su propio ser; más por envidia del diablo entró la muerte en el mundo y tienen que sufrirla los que le pertenecen (Sb 2,23-24)».

Entre las hipótesis respecto al simbolismo que daban a la serpiente otros mitos de la antigüedad de los que era conocedor el autor de Génesis 3, Castel cita la tiara del faraón que estaba adornada de una serpiente «signo de omnipotencia y signo también de la divinidad del faraón. En esta concepción, el hombre se vería cogido entre dos dioses, el que habla y lo ha instalado en el jardín, y ese otro dios que es el faraón, de fuerza impresionante y cuyas construcciones son consideradas como obras para la eternidad».[40] Una segunda identificación parecida a la anterior acerca del simbolismo de la serpiente sería la que la liga al culto lunar de la fecundidad. «Anat, la diosa paredra de Baal, que va a buscar a su esposo tragado por

---

39 *Catecismo de la Iglesia católica*, 109, n. 391.: «Detrás de la elección desobediente de nuestros primeros padres se halla una voz seductora, opuesta a Dios, que por envidia, los hace caer en la muerte. La Escritura y la Tradición de la Iglesia ven en este ser un ángel caído, llamado Satán o diablo.»
40 CASTEL, *Comienzos*, 69.

el dios Mot tiene como emblema este animal».[41] Lo que le lleva a concluir: «Toda la historia de Israel en Canaán estuvo marcada por la lucha entre Yahvé y Baal. Éste último engaña a Israel haciéndole creer que es él el que trae la fecundidad y no Yavé».[42]

Sin embargo, el exegeta descarta tanto los anteriores análisis como el que identifica a la serpiente con el diablo: «El texto no nos permite ninguna especulación de este género», dice en relación al carácter demoníaco de la serpiente. «La serpiente no es el diablo, el anti-dios. Abre la conciencia del hombre a otra conciencia, la conciencia del yo contra Dios. Es esa conciencia del hombre que no quiere conocer ningún límite, que se niega a ser solamente "imagen de Dios" y piensa con ser Dios».[43] Afirma por el contrario que la serpiente es una criatura de Dios, la más astuta de todas. Y ya hemos visto —añade— que había un juego de palabras entre la definición de la serpiente y la de la humanidad. Se presenta entonces la cuestión: ¿cuál es el animal más astuto que hizo el Eterno? Y la respuesta es evidente: el hombre. «La serpiente —concluye— no es más que el hombre que, de pronto, fiado de sus posibilidades, se eleva contra Dios y llega incluso a tomarse a sí mismo por Dios».[44]

También Gerhard von Rad descarta la identificación de la serpiente con Satán. «La serpiente de la que habla este relato es considerada uno de los animales que Dios creó (Gn 2,19), por tanto, dentro del pensamiento del narrador no es la simbolización de un poder demoníaco y, desde

---

41 Ibíd., 70.
42 Ibíd., 70.
43 Ibíd., 73.
44 Ibíd., 70.

luego, no es símbolo de Satán». Y añade: «Únicamente, su mayor inteligencia es lo que la distingue un poco respecto a los animales restantes».[45]

Von Rad entiende que la mención a la serpiente es poco menos que secundaria, e interpreta que el autor del relato del Génesis 3 recurrió a esta figura simbólica para evitar al máximo objetivar el mal: «Por tal razón lo ha personificado lo menos posible como poder que viene del exterior», indica. Según el exegeta alemán, lo que el autor pretende en última instancia es responsabilizar al hombre del mal y no situarlo como algo exterior a él. Cita a Westerman para concluir con él que no hay en este pasaje una etiología del mal. Cree que si el autor ha situado la ocasión de la tentación fuera del hombre fue porque el relato se basó en algún mito y por necesidades de visualización descriptiva. Lo importante para Von Rad, «lo que debe retener nuestra atención es lo que la serpiente dice, no lo que la serpiente es».[46]

Llama la atención que la serpiente comienza su discurso manipulando el mandato divino. El lector sabe, porque lo ha leído en Gn 2,16-17,[47] que la prohibición de Dios no es esa, sino que se limita a un solo árbol: el árbol del conocimiento del bien y del mal.

Castel opina: «El papel de la serpiente consiste en introducir interrogantes en donde no los había. Hace sentir a la mujer que se encuentra encerrada en unos límites», pero citando a P. Ricoeur añade: «Desconocemos en concreto lo que podría significar una limitación que,

---

45 Gerhard VON RAD, *El libro del Génesis*, 102.
46 Ibíd., 103.
47 «Puedes comer de todos los árboles del huerto; pero no comas del árbol del conocimiento del bien y del mal».

41

lejos de coartar la libertad, la orienta y la salvaguarda...».[48]

Von Rad, por su parte, pone su atención en el tono de la pregunta que abre el diálogo entre la serpiente y la mujer, «una tergiversación total», pero añade que «la serpiente parece conocer a Dios mejor que la mujer en su confiada obediencia».[49]

Y, ¿por qué es a la mujer a quien se dirige la serpiente y no al hombre, teniendo en cuenta además que cuando Dios formuló la prohibición lo hizo a Adán y que Eva ni siquiera había sido aún creada? se preguntan algunos exegetas que quieren ver en esta decisión del autor alguna intención.

Unos han visto en este detalle la debilidad de la mujer, que es aprovechada por el tentador, según cita François Castel.[50] Él, sin embargo, se decanta por otra interpretación. «Este texto se escribió, sin duda, para la enseñanza del rey y muy especialmente para la del rey Salomón. Porque al comienzo de su reinado, se fue casando con princesas extranjeras y extrañas a la alianza, rindiendo culto a otros dioses. Estas mujeres extranjeras arrastrarán a Salomón a apartarse de Dios para seguir sus prácticas, otras sabidurías. Entre otras, Salomón se casará con una princesa egipcia, hija de aquel faraón que ostenta en el centro de su corona una serpiente. Nuestro texto además de un relato mítico, sería un lenguaje profético contra la realeza y sus infidelidades», deduce. Y añade: «En este contexto socio-político es evidente que la serpiente tiene que dirigirse a la mujer, que es extraña a

---

48 François CASTEL, *Comienzos*, 73.
49 Gerhard VON RAD, *El libro del Génesis*, 103.
50 François CASTEL, *Comienzos*, 71.

la alianza concluida entre Dios y Adán. Cuando Dios indicó su prohibición, ella no había sido formada todavía de la costilla de Adán».[51]

Y en este punto, nos atrevemos a aventurar nuestra propia hipótesis:

¿No podemos identificar a la serpiente, «el más astuto de todos los animales del campo que había hecho el Señor Dios», con el hombre en sus orígenes, que parecía un animal más?

La serpiente podría simbolizar —a nuestro entender— esa voz animal que el hombre escucha dentro de sí mismo y que le mantiene apegado a la tierra. No sería el hombre. La serpiente no tiene nombre. No representaría, según nuestra propuesta, un personaje distinto del ser humano: sino su propia concupiscencia. Podría avalar esta hipótesis la palabra *êbah* (enemistad) utilizada para hablar de la relación entre la serpiente y Eva, «una palabra que se usa solo para la enemistad entre personas [...] es una enemistad habitual, implacable y profunda, de aquellas que [...] no se satisfacen sino con derramamiento de sangre», escribe Cándido Pozo.[52] Así, el relato bíblico recogería en nuestro análisis el momento en que el ser humano empieza a identificar claramente esa bestia que ruge en su interior, le arrastra y le daña, y a diferenciarla de la voz de Dios.

Otro argumento que, a nuestro entender, podría alimentar la identificación de la serpiente con el hombre es que habla. El lenguaje es una capacidad estrictamente humana. Por tanto, podríamos estar en el arranque de la

---

51 Ibíd., 72.
52 Cándido Pozo, *María la nueva Eva*, 149.

historia del hombre, que tras descubrir en su interior la coexistencia de dos llamadas contradictorias iniciaría el largo combate, el duro proceso que está llamado a recorrer para ser junto a Dios, quien lo creó a su imagen y semejanza, co-creador.[53]

En cuanto, a la utilización de la serpiente para ubicar el mal fuera del hombre y evitar objetivarlo, que hemos visto que interpreta Von Rad, nuestro análisis contiene un matiz diferente: entendemos que el autor sagrado ha podido situar al mal fuera del hombre porque reconoce esa fuerza dentro del hombre, pero no la identifica como una parte esencial de él. Sería una fuerza que padece pero que no le constituye. Este argumento sintoniza con la bondad de todas las criaturas surgidas de la mano de Dios, y también con la queja de San Pablo: «no soy yo quien lo hace sino la fuerza del pecado que actúa en mí» (Rm 7,17).

Nuestro propio análisis ve, pues, en el diálogo de Eva con la serpiente un despertar en el ser humano, un despegue de su pasado animal e inconsciente. Desde ese punto evolutivo, de ese mismo estado movido hasta entonces solo por el instinto, podría surgir el afán de descubrir el bien y el mal. Por eso, tal vez, el redactor hace que la iniciativa parta de la serpiente y aparezca como una tentación, que siempre altera la visión. Proponemos que la pregunta de la serpiente a Eva podría

---

53 *Catecismo de la Iglesia católica*, 91, n. 307: «Dios concede a los hombres incluso poder participar libremente en su providencia confiándoles la responsabilidad de "someter" la tierra y dominarla. Dios da así a los hombres el ser causas inteligentes y libres para completar la obra de la Creación, para perfeccionar su armonía para su bien y el de sus prójimos».

simbolizar el engaño de la concupiscencia. Y, a tenor de su reacción, la lucha interior de la mujer.

Gn 3,2-3: —«¡No! Podemos comer del fruto de los árboles del huerto; solo nos ha prohibido, bajo pena de muerte, comer o tocar el fruto del árbol que está en medio del huerto».

Castel observa que «la mujer repite el contrato en lo que tiene de verdadero», puesto que, como ella le aclara a la serpiente, «se les han ofrecido todos los árboles, menos uno». Sin embargo, al exegeta le llama la atención que la mujer «añade una prohibición», puesto que dice que Dios no solo les ha prohibido comer, sino también «tocar» el árbol que ocupa el centro del jardín, «como si al acercarse al árbol tuviera miedo de verse demasiado tentada».[54] Este añadido de la mujer respecto a la prohibición de la serpiente es también observado por Von Rad: «En su celo por rebatir la tergiversación de la serpiente, da un paso [...] y esta añadidura delata un punto débil en la posición de la mujer: parece como si ella quisiese mediante esta exageración imponerse a sí misma una ley».[55]

Nuestro análisis destaca la veracidad de la mujer que pone las cosas en su sitio, que aclara la tergiversación de la serpiente. Pero vemos una simple aclaración y nada más: no nos parece que desconfíe de la serpiente. «La mujer no desconfía en absoluto de tal malignidad»,[56] observa Von Rad.

En cuanto al árbol prohibido, ya hemos explicado que Husser ve una identificación entre el árbol del

---

54 François CASTEL, *Comienzos*, 73.
55 *El libro del Génesis*, 103.
56 Ibíd., 103.

conocimiento y el árbol de la Vida por la ubicación de ambos «en medio del huerto».[57] Von Rad abunda en esta misma hipótesis de que ambos árboles son en realidad uno solo: «La sospecha de que la duplicidad de árboles en el centro del jardín obedece a una fusión a posteriori de dos tradiciones nos parece difícil de rechazar. En lo que sigue, únicamente un árbol desempeñará un papel: el del conocimiento y, solo al final (3,34), volvemos a oír hablar del árbol de la vida», argumenta.

En sintonía con la apreciación de ambos exegetas, nuestra exégesis deduce de las palabras de la serpiente que ambos árboles serían, sí, un solo árbol. No solo por la coincidencia en su ubicación, sino por el efecto que a continuación vamos a ver que la serpiente anuncia que se producirá si comen de su fruto. Asegura a la mujer que si ella y su marido comen del fruto del árbol que está «en medio del huerto» adquirirán conocimiento del bien y del mal, capacidad que identifica con Dios: «se abrirán vuestros ojos y seréis como Dios, conocedores del bien y del mal». Ser como Dios implicaría ser inmortal, lo que podríamos identificar con el árbol de la vida y reafirmar así la hipótesis de que ambos árboles fueran en realidad uno solo. Si damos un paso más, podemos concluir que el despertar en los primeros seres humanos de la conciencia moral —que según nuestra propuesta interpretativa, significaría ser «conocedores del bien y del mal»—, pone en marcha un proceso que culminará en la vida eterna, gracias al sacrificio en la cruz —que vemos prefigurada en el árbol de la Vida— del segundo y definitivo Adán: Jesús.

---

57 Jean-Marie HUSSER, *Entre mito y filosofía*, 247.

2.2.2. El fruto del árbol: Se les abrieron los ojos

Gn 3,4-5: —«¡No moriréis! Lo que pasa es que Dios sabe que en el momento en que comáis se abrirán vuestros ojos y seréis como Dios, conocedores del bien y del mal».

«La serpiente es la primera en abrir la discusión sobre el veto», constata Gerhard von Rad.[58] «Lo más que podemos deducir del texto —añade— es que, sin duda, se trataba de una interdicción beneficiosa y dictada también directamente por la solicitud con que Dios cuida del hombre, pues lo que se prohibía no era un bien, sino algo que tendría efectos destructores sobre el ser humano si éste se empeñaba en apropiárselo con desobediencia».[59] El teólogo alemán considera «inadmisible andar buscándole una finalidad a esta prohibición divina: es una prohibición que no se discute», si bien reconoce que el nombre que se le da al árbol (el árbol del conocimiento del bien y del mal) es un «punto espinoso».[60]

Nuestro análisis difiere del de Von Rad, y sí, vemos un bien, o al menos un atractivo muy especial en el fruto que Dios prohíbe al hombre, de lo que deducimos que es lógico que quisiese probarlo. ¿No es claramente beneficioso el que se abran los ojos y poder conocer?

En el atractivo de los nombres que el texto otorga a los dos árboles y el lugar que ocupan son a nuestro juicio tan significativos que consideramos que son fundamentales en el mensaje que pensamos que el autor desea transmitir. Árbol del conocimiento del bien y del mal, y árbol de la

---

58 Gerhard VON RAD, *El libro del Génesis*, 95.
59 Ibíd., 95.
60 Ibíd., 95.

vida, son los nombres elegidos, con lo que entendemos que nos quiere indicar que son frutos de una atracción mayúscula para el hombre. Tanto que le constituyen como ser humano. Tal vez, por eso, ocupan el centro del jardín, el lugar estelar, el más importante. Por tanto, Dios parece prohibir al hombre el fruto más atractivo.

«¿No encuentra la serpiente al hombre en lo más íntimo de su deseo?», opina Castel. «¿No desea el hombre de todos los tiempos ser su propio dueño, vivir bajo sus propias leyes y no bajo la palabra de un soberano, aunque ese soberano sea Dios?»,[61] añade, interpretando que la mujer quiso suplantar la autoridad divina.

Frente a la prohibición formulada por Dios, Castel destaca las tres promesas de la serpiente: «Podéis comer, vuestros ojos se abrirán, seréis como dioses».[62] El autor confronta estas promesas con el mito griego de Prometeo, que había arrebatado el fuego de los dioses. Parece que, también en el caso del relato bíblico, la oferta atractiva de la serpiente entraña alguna caja de Pandora. El exegeta recuerda que «en la visión prometeica, Dios es malo y Prometeo el amigo del hombre». En una posición similar, Von Rad escribe: «Tenemos ante nosotros la antiquísima y muy extendida idea de la envidia para con la divinidad, que hace al hombre sospechar de Dios y de sus mandatos».

A nuestro juicio, sería mucho más acertado afirmar que es la humanidad la que tiene envidia de la divinidad. Pero siguiendo con la lectura positiva del texto proponemos sustituir el calificativo envidia por el de aspiración, y, así pues, entendemos que esa es la aspiración de la

---

61 François CASTEL, *Comienzos*, 74.
62 Ibíd., 74.

humanidad: encontrar la vida. Y entendemos que es su aspiración porque Dios ha puesto ese deseo en su corazón. Porque es su destino. Pero ese destino lo alcanzará al final de los tiempos, según la interpretación que proponemos. Observamos que el autor del texto bíblico es suficientemente hábil para no achacar esa envidia a la humanidad, sino a la serpiente, que nuestra exégesis ve como el hombre todavía imperfecto, en camino, que solo alcanzará el árbol de la vida cuando se asimile con Cristo, cuando coma su carne y beba su sangre, que ese es el fruto del árbol de la Vida, según recoge la liturgia católica.[63]

Castel plantea la siguiente cuestión: «¿Podemos simplemente invertir los términos y decir que en la Biblia Dios es el bien y la serpiente el mal?». «¿No es más justo —interpreta— ver que el hombre está sometido a una opción compleja? Puede escoger el jardín de Edén, el jardín de la seguridad, de la inocencia, en donde no viviría más que de Dios, de su palabra, de su gracia; o bien el hombre puede tender la mano al árbol del conocimiento del bien y del mal, intentando no obedecer ya a las leyes de Dios, sino forjarse sus propias leyes y designar sus propios valores (...) ¿Asumirá una libertad peligrosa?».[64]

Nos parece interesante esta sugerencia del exegeta, porque pensamos también que la elección del hombre es de esta índole: entendemos que pasa de la inconsciencia a la toma de decisiones que implica la conciencia de sí mismo y de Dios que ha despertado en él.

---

63 «Mirad el árbol de la Vida donde queda clavada la salvación del mundo», oración que rezan los fieles el día de Viernes Santo.
64 François CASTEL, *Comienzos*, 75.

Recordemos que Von Rad, reconoce «un punto espinoso»[65] el que por boca de Dios se le dé al árbol el nombre de «árbol de la ciencia del bien y del mal». El autor advierte al lector occidental para «se deje instruir por el uso lingüístico del Antiguo Testamento», y no lo interprete en sentido exclusivamente moral. «En el mundo antiguo, conocer es poder»,[66] aclara. «Conocer lo bueno y lo malo significa conocerlo *todo* en la acepción más amplia del término. En cuanto a su acepción específica referente a la experiencia sexual ("lo que es voluptuoso y lo que es doloroso", H. Schmidt), solo una cosa resulta exacta: el verbo YD' no significa el mero conocimiento intelectual, sino más bien "experimentar", "familiaridad con"».[67] Quizás si durante algún tiempo ha habido interpretaciones del relato del Génesis que relacionaban el pecado original con una transgresión de índole sexual podría deberse a esta acepción específica de orden sexual del verbo conocer —YD'— a la que hace referencia Von Rad. Y al hecho de que los cultos cananeos están relacionados con la fecundidad de la tierra.

Von Rad ve en la prohibición «la paternal solicitud de Dios para con los hombres». Y en la insinuación de la serpiente «la posibilidad de dilatar la naturaleza humana rebasando los límites dispuestos por Dios en la creación».[68] El hombre empieza a pensar, a cavilar ¿cuál es el verdadero bien? Estas cavilaciones derivarán en la Alianza porque esa dilatación de la naturaleza humana no es meramente intelectual sino también en cuanto a

---

65 Gerhard VON RAD, *El libro del Génesis*, 95.
66 Ibíd., 96.
67 Ibíd., 96.
68 Ibíd., 105.

adquisición de «dominio sobre los misterios que están más allá del hombre».

El exegeta nos explica que en el Antiguo Testamento se considera bien lo que es provechoso y, por el contrario, mal lo que resulta dañino, lo que a nuestro juicio significa que el hombre antiguo comenzó determinando el bien y el mal en función del provecho que le producía a él. Su discernimiento debió estar basado en su experiencia.

El misterio del hombre antiguo a la hora de distinguir lo bueno de lo malo —teniendo en cuenta que como hemos dicho era experiencial— debía producirse cuando lo aparentemente provechoso que le llevaba a actuar de forma egoísta no le producía paz, bienestar espiritual. Esta vivencia le pudo llevar a plantearse que, en realidad, el bien y el mal eran otra cosa diferente a lo que él valoraba cuando juzgaba superficialmente, con una mirada cortoplacista y miope. El hombre descubrió, en definitiva, que el bien y el mal verdaderos no los marcaba él de forma arbitraria, sino que la distinción entre ambos venía impuesta por alguna ley universal. De esta forma, entendemos que el hombre empezó a intuir al autor de esa ley: Dios.

Vemos en el relato la existencia de las dos voces del hombre: la de su concupiscencia y la de Dios. Acabamos de escuchar la de la serpiente, que a nuestro juicio representa la de la concupiscencia, y que siempre habría estado allí: la mujer y ella parecen mantener una relación de familiaridad.

Gn 3,6: La mujer se dio cuenta entonces de que el árbol era bueno para comer, hermoso de ver y deseable para adquirir sabiduría. Así que tomó de su fruto y comió; se lo dio también a su marido, que estaba junto a ella, y él también comió.

La mujer se queda sola. «Reflexiona», según interpreta Von Rad.[69] Es una descripción que sugiere un acto muy humano. Podemos suponer que lo que ha llevado a algunos exegetas a interpretar la oferta de la serpiente como una tentación es lo que le dice a la mujer que les ocurrirá cuando se les abran los ojos: «seréis como Dios, conocedores del bien y del mal». Pero, en nuestra particular observación, nos llama la atención la coincidencia entre el supuesto gran pecado del hombre y la característica más propiamente humana, que se nos acaba de explicar en el capítulo anterior: hemos sido creados por Dios a su imagen y semejanza (Gn 1,26). ¿No resultaría natural que si Dios nos creó a su imagen queramos ser como Él? Es lo que nos pide Jesús en el Nuevo Testamento:[70] «Sed perfectos como vuestro Padre es perfecto».[71] Jesús pone siempre al Padre como meta a la que debe aspirar el hombre.

Von Rad ve así esta escena: «La conversación ha terminado; la serpiente desaparece por el momento del horizonte del lector; la mujer está ahora sola. La criatura humana guarda silencio ante la afirmación de que la transgresión del mandamiento no le causará la muerte, sino que le procurará igualdad con Dios. Deja que esta tesis le hable».[72] «Comienza —prosigue nuestro autor—

---

69 Ibíd., 105.
70 «Dios es el autor que inspira los libros de ambos Testamentos, de modo que el Antiguo encubriera el Nuevo, y el Nuevo descubriera el Antiguo». Cf. SAN AGUSTÍN, Quaest. in Hept. 2, 73: PL 34,623 citado por la Dei Verbum cap IV.
71 Mt 5,48.
72 Gerhard VON RAD, *El libro del Génesis*, 105.

a abrir los ojos a la idea de que su situación será mejor si busca su propia gloria, que si permanece obediente a Dios. El narrador pinta un cuadro magnífico en este versículo 6, en esta escena sin palabras donde la mujer reflexiona en pie ante el árbol y acaba decidiéndose. Recorremos con ella toda una escala de sentimientos: "bueno para comida", he aquí lo groseramente sensible, "deleite para los ojos": he aquí un atractivo estético más refinado; "apetecible para lograr inteligencia", que es la seducción máxima y la que acaba convenciendo: la concupiscencia de la carne, la concupiscencia de los ojos y la jactancia de los bienes terrenos. Sigue el coger la fruta y el comerla».

Nuestro análisis ve la voz de la triple concupiscencia, pero consideramos que siempre estuvo ahí, en el interior del hombre. La novedad no sería esa voz, sino que la mujer ahora, tras tomar del fruto del árbol de la ciencia del bien y del mal, es consciente de ella, hasta el punto de advertir lo manipuladora que es.

En esa escena sin palabras de la que habla Von Rad y en la que visualizamos a la mujer reflexionando al pie del árbol podemos ver como mínimo un acto muy humano: la reflexión.

Nos fijamos pues en la primera reacción de la mujer tras comer del árbol del conocimiento. ¿Qué es lo que hace? Comparte el bien recibido, lo que interpretamos, en consonancia con nuestro análisis en clave positiva, como un gesto de solidaridad con su marido. Lo que comparte con él es algo que previamente ha reconocido como bueno. Y justo cuando ha compartido ese fruto gustoso con él es cuando el narrador nos explica que se les abrieron los ojos a ambos. No antes. A nuestro juicio, también puede esconder este texto una gran verdad antropológica: el hombre solo adquiere la luz de la verdad cuando comparte sus bienes con el prójimo.

Von Rad parece dudar de esa gran tragedia que, según se suele interpretar sucede por la desobediencia de la mujer. El autor se pregunta «¿Es un gran pecado lo que hace la mujer?» Y añade: «El narrador no manifiesta el menor espanto, ni incita al lector a que se indigne. Al contrario: lo inconcebible, lo aterrador es descrito de modo intencionadamente sencillo y exento de sensacionalismos sin el menor rumor de cosa extraordinaria o de ruptura dramática como si considerada desde la perspectiva del hombre la cosa fuese poco menos que natural y perfectamente lógica». Y, por último, concluye: «Verdaderamente se inauguró en ellos algo nuevo».[73]

---

73 Gerhard VON RAD, *Comienzos*, 106.

2.2.3. *Vergüenza ante la desnudez*

Y lo primero que ven cuando se les abren los ojos es su desnudez. El texto dice así:

Gn 3,7: *Entonces se les abrieron los ojos, se dieron cuenta de que estaban desnudos, entrelazaron hojas de higuera y se hicieron unos ceñidores.*

Antes de comer el fruto prohibido ya estaban desnudos, como hemos podido leer en Gn 2,25. La diferencia es que no se avergonzaban y ahora sí, puesto que antes no se cubrían y es justo después de comer del fruto cuando deciden hacerlo. ¿A qué se debe? Se ha venido interpretando que antes no se avergonzaban porque no habían pecado aún y, por tanto, eran inocentes. La oferta de la serpiente es «la vieja tentación prometéica de dominar a Dios, conocer su secreto para ser como Él».[74] «El desenlace, cargado de ironía —explica la nota al pie de la Biblia, editada por La Casa de la Biblia— parece dar la razón a la serpiente: se les abren los ojos. Pero —añade— no para ser como Dios sino para avergonzarse de su desnudez. Y continúa: la desnudez que antes era expresión de felicidad (Gn 2,25) es ahora signo de vergüenza, del propio fracaso, de deshumanización».

Frente a esta interpretación, Clifford y Murphy argumentan: «En contra de lo que opinan muchos especialistas, esta sección comienza en 2,25, puesto que el calificativo de la serpiente como "astuta", en 3,1, juega claramente con la similar raíz hebrea del término 'arûm, "desnudo", con lo que se describe la situación de la pareja en 2,25; el episodio termina en 3,7, cuando se le abren los

---

74 *Notas de la Biblia, edición Casa de la Biblia*, 30.

ojos no porque sean sabios sino por la vergüenza que sienten al darse cuenta de que estaban desnudos».[75]

A nuestro entender, este fragmento sugiere un descubrimiento, el descubrimiento del bien y el mal, que produce un efecto: la vergüenza. Así, interpretamos que los primeros hombres pudieron experimentar vergüenza al verse desnudos porque observan ya la desnudez como signo de animalidad. La propuesta que defendemos es, por tanto, que antes del despertar de la conciencia moral no se avergonzaban de estar desnudos porque no eran todavía conscientes de su naturaleza humana. Ahora, sin embargo, se sentirían a sí mismos como unos seres esencialmente distintos del resto de los animales y, en consecuencia, ya no estarían cómodos yendo desnudos como ellos.

Hasta ese momento, el ser humano había ignorado la existencia de un bien y un mal. Debía vivir sin atender a reglas morales. Según esta hipótesis, que defendemos, no sería que el hombre no hubiera pecado sino que no habría adquirido aún la conciencia de pecado. Es, siempre según nuestra propuesta, la aparición de la conciencia lo que despierta la experiencia de la culpa. San Pablo dirá: «Con ocasión del precepto, la fuerza del pecado despertó en mí toda clase de malos deseos, mientras que sin la ley no actuaría la fuerza del pecado (...) y así me encontré que un precepto hecho para dar vida resultó para mí instrumento de muerte. En efecto, con ocasión del precepto, la fuerza del pecado me sedujo y por medio de él me llevó a la muerte» (Rm 7,8-12). Parece ser que San Pablo se refería al conjunto de las normas morales judías que arrancan en la Ley de Moisés. Pero su reflexión

---

75 *Nuevo Comentario Bíblico San Jerónimo*, 17.

podría apoyar nuestra hipótesis por analogía. La ley moral, descubierta por los primeros hombres en su corazón y codificada posteriormente por Moisés, produciría parecido efecto: el de provocar un sentimiento de culpabilidad en el alma humana que ya tiene referencias (por la ley de Dios descubierta en su corazón, esté o no esté codificada en leyes concretas) del Bien, que experimenta y que intuye que debe ser su meta.

Gn 2,25, nos explica que el hombre y la mujer estaban desnudos y no se avergonzaban, pero no se nos dice que ellos fueran conscientes de su desnudez. Literalmente, se nos dice: «Estaban ambos desnudos, el hombre y su mujer, pero no sentían vergüenza el uno del otro». En cambio, en el que analizamos sí se nos dice expresamente que «se dieron cuenta» que estaban desnudos. Se dieron cuenta porque se les acababan de abrir los ojos.

Por tanto, defendemos que se puede entender que antes no se avergonzaban porque no tenían capacidad para verse a sí mismos. Es decir, porque no habían adquirido todavía conciencia de su condición humana, una condición absolutamente singular y diferente de la del resto de los animales. Por eso —que ha sido definido como inocencia y que este trabajo propone que sea interpretado como ignorancia— podían sentirse cómodos el uno frente al otro estando desnudos. Del mismo modo que los primates no se sienten incómodos por no estar vestidos. Como consecuencia de esa incómoda vergüenza que el narrador nos explica que acaban de experimentar pudieron sentir la necesidad de marcar distancias entre la animalidad en la que vivían y su humanidad recién descubierta. Entendemos que avala esta hipótesis lo que hicieron inmediatamente después: vestirse. Un signo bastante evidente de humanidad.

Husser aventura que la alusión a que Adán y Eva se cubrieron con hojas de higuera podría relacionarse (evidentemente sin que el autor bíblico fuera consciente de ello) con un momento primordial de la humanidad que sitúa en el preneolítico en el que un frío intenso propició un cambio en los hábitos de los hombres y el desarrollo de unas capacidades no desarrolladas hasta entonces.[76] Concreta: la deforestación obligó a los hombres a buscar abrigo, empezaron a vestirse. Tal vez, primero con vegetales y, posteriormente, cuando las técnicas de caza prosperaron, con pieles de animales. El alimento a base de frutos e insectos sin el trabajo que requiere la agricultura, podría asimismo ser identificado como una forma de vida paradisíaca en la que el hombre era directamente sustentado por la tierra, sin demasiado esfuerzo. Husser ve un nítido relato etiológico.

Nuestro análisis coincide con esa interpretación. Entendemos que la desnudez de Adán y Eva puede representar el estado tanto físico como psicológico del hombre en tiempos remotos. Vemos en ella un signo de animalidad. En sintonía con esta interpretación, veremos en la utilización del vestido de la que nos habla el texto en el capítulo 3 (Gn 3,7 y Gn 3,20) un signo externo de la absoluta singularidad humana y su despegue del resto de los animales, con los que hasta entonces convivía, aunque eso sí, como el más astuto de ellos.

Ya hemos dicho, que Castel nos hace ver que la raíz *rwm* puede traducirse por desnudo, pero también por sabio. Lo hemos aplicado antes a la serpiente, cuyo nombre en hebreo tiene esa misma raíz. Ahora hacemos lo mismo con el hombre. «El hombre y la mujer se hallan

---

76 Jean-Marie HUSSER, *Entre mito y filosofía*, 238.

en un estado de inocencia; no existe el pecado; son lo que el Señor ha hecho de ellos. Pero quizás están también *en un estado de inconsciencia,* sin tener un conocimiento del bien y del mal»,[77] interpreta el exegeta al comentar Gn 2,25.

Es esta tesis con la que nos identificamos en este trabajo. Defendemos que el estado del hombre antes de lo que se suele calificar como caída no era de felicidad, sino de inconsciencia. El paso de la inconsciencia del hombre prehistórico, que los científicos llaman homínido, al *homo,* el ser humano en sus primeros momentos, constituye el mensaje que tal vez nos puede estar transmitiendo el relato: el origen del hombre.[78]

«No reaccionan con un sentimiento de culpabilidad, sino que se asustan de su desnudez. Por primera vez experimentan con la vergüenza algo así como una ruptura en lo más profundo de su ser. La vergüenza en este sentido puede ser valorada positivamente»,[79] analiza Von Rad. La narración ve ante todo la señal de una grave perturbación que partiendo de los estratos más inferiores de la corporeidad determina a todo ser humano (...) Miedo, vergüenza: «lo primero de lo que el hombre habla es de impulsos que existen en él objetiva y

---

77 François CASTEL, *Comienzos,* 67.
78 Evidentemente, el autor no era consciente del significado que sus palabras podían llegar a adquirir con el tiempo, pero la Iglesia en el documento *Interpretación de la Biblia en la Iglesia,* nos recuerda que los textos bíblicos una vez escritos emprenden «una carrera de sentido» que los despega de las intenciones iniciales de su autor, así los mantiene siempre vigentes.
79 Gerhard VON RAD, *El libro del Génesis,* 106.

preconscientemente, más allá de toda reflexión racional»,[80] añade el exegeta.

En ningún momento de Gn 3 se ha mencionado la palabra pecado. Sin embargo, muchos estudiosos utilizan este término. Suponemos que se tilda de pecado el acto de desobediencia a Dios que describe el relato. Coincidimos con ese criterio. Sin embargo, la Fenomenología de la Religión hace una definición del pecado que asumimos plenamente en este trabajo y que a nuestro juicio se adecua a nuestra interpretación del texto del Génesis 3. Esta: pecado es la conciencia de indignidad delante del Misterio.[81]

Von Rad observa: «(...)Este acto (se refiere a la desobediencia de Eva) se convierte en pecado merced al encuentro con Dios, que —cosa significativa— acaece inmediatamente». Esto es lo que a nuestro juicio pudo ocurrir con los primeros humanos. Ellos no solo habrían

---

80 Ibíd., 107.
81 J. MARTÍN VELASCO, *Introducción a la Fenomenología de la Religión*, 119-120-121: «Pero existe un nuevo aspecto del Misterio que nos descubre el análisis de la experiencia religiosa. En ella, el hombre se enfrenta con la realidad excelsa, augusta, cuya presencia pone al descubierto la indignidad del hombre, un aspecto de su condición solo perceptible en la experiencia del sujeto religioso y que éste vive como conciencia de pecado. [...] Para que exista pecado es necesario que el hombre esté situado frente a Dios, es decir, que se sitúe en la esfera de lo Santo. El pecado, antes de ser un acto o conjunto de actos contrarios a una ley cúltica o moral es "una situación global" que afecta a todo el hombre y común a todos los hombres, cuando estos se sitúan frente al Misterio" [...] Lo característico de esta situación que resume la idea de pecado es la conciencia de indignidad, de la falta de valor y de sentido de la propia existencia en cuanto separada de la realidad que se hace presente en la manifestación de lo sagrado».

descubierto su naturaleza, diferente del resto de los animales con los que en las etapas primeras de la humanidad convivían casi como iguales, según ha desvelado la arqueología. La consecuencia inmediata de haber tomado conciencia de sí mismos es tomarla también de la existencia de Dios.

El tercero y último de los actos del llamado *Drama del paraíso* comienza con este versículo:

Gn 3,8: *Oyeron después los pasos del Señor Dios que se paseaba por el huerto al fresco de la tarde, y el hombre y su mujer se escondieron de su vista entre los árboles del huerto.*

La frase de Gn 3,8 en la que se nos explica que Adán y Eva oyeron los pasos de Dios en el jardín nos parece que puede ser enormemente positiva. Por primera vez, la Biblia nos dice que el hombre toma conciencia de Dios. Y curiosamente lo hace oyéndolo. Sabremos después que «en el principio fue el Verbo».[82] Jesús es Palabra y el hombre escucha. Vemos en ese «oír los pasos de Dios» una escucha que prefigura a Cristo y su íntima relación con el hombre. La Tradición nos explica también que Dios habla.[83] Es este capítulo de la Biblia el primero en el que se establece un diálogo entre Dios y el hombre.

Nunca hasta ahora había ocurrido eso. Dios había creado, sí, al hombre de barro. Le había insuflado su aliento, le había dormido, le había dado una compañera.

---

82 Jn 1,1.
83 *Dei Verbum.* cap 1, 165: «El plan de revelación se realiza por obras y palabras intrínsecamente ligadas; las obras que Dios realiza en la historia de la salvación manifiestan y confirman la doctrina y las realidades que las palabras significan; a su vez, las palabras proclaman las obras y explican su misterio».

Pero el hombre hasta ahora permanecía pasivo. Ausente de la trama. Era Dios el que se ocupaba de él. Nunca hasta ese momento el hombre había sentido a Dios. Es tras adquirir conciencia del bien y del mal cuando el hombre «oye» por primera vez los pasos del Señor que se pasea por el jardín. Y es el «atardecer», tal vez una fase más avanzada del día, de la historia humana.

Interpretamos que quienes entienden que el texto está transmitiendo un acontecimiento negativo para la humanidad podrían hacerlo atendiendo a la reacción del hombre y la mujer que, ante la presencia de Dios «se esconden». Pero a nuestro juicio es una reacción que refuerza aún más nuestra tesis en sentido positivo: ante la presencia de Dios, el hombre que ya ha tomado conciencia de sí mismo se siente indigno. Ese sentimiento de indignidad es una prueba de que ha intuido a Dios, y su enorme majestad. Por eso, por comparación con Él, se siente frágil, desnudo. Es una reacción parecida a la que se produce en otros momentos bíblicos. «Ante la presencia atrayente misteriosa de Dios, el hombre descubre su pequeñez», nos enseña el Catecismo (número 208). Ante la zarza ardiente, Moisés se quita las sandalias y se cubre el rostro (Exodo 3,5-6) delante de la santidad divina. Ante la gloria de Dios tres veces santo, Isaías exclama: «¡Ay de mí, que estoy perdido, pues soy un hombre de labios impuros!» (Is 6,5). En el Nuevo Testamento, ante los signos divinos que Jesús realiza, Pedro exclama: «Aléjate de mí, Señor, que soy un hombre pecador» (Lc 5,8).[84] Y ante estas

---

84 Los santos suelen considerarse los más pecadores, y no por falsa humildad, algo de lo que santa Teresa de Jesús advertía como una tentación, sino gracias a su pureza. Su santidad ilumina su alma y esa luz interior es precisamente la que hace que se descubran a

reacciones humanas de ocultarse ante su majestad, precisamente porque Dios es Santo anhela perdonar a quien se descubre pecador delante de Él.

2.2.4. Adán y Eva dialogan con Dios

Gn 3,9: *Pero el Señor Dios llamó al hombre diciendo: —¿Dónde estás?*

«¿Dónde estás?» es lo primero que le pregunta Dios al hombre. Entendemos que esta primera pregunta del creador tiene que ver precisamente con el descubrimiento del hombre acerca de su esencia, de su reciente toma de conciencia de sí mismo. Le estaría invitando con esa pregunta a que inicie la gran búsqueda, la que el filósofo formuló con el famoso conócete a ti mismo. Una búsqueda que se inicia en ese momento y que continúa

---

sí mismos como pecadores. Esta es la dinámica que relata el pecado original, según nuestra exégesis, según nos enseña el Catecismo de la Iglesia católica en su número 208. A continuación ofrece las siguientes citas bíblicas que nos hablan de la misericordia de Dios: «No ejecutaré el ardor de mi cólera (...) porque soy Dios, no hombre; en medio de ti yo el Santo» (Os 11,9). Mientras, el apóstol Juan dirá igualmente: «Tranquilizaremos nuestra conciencia ante él en caso de que nos condene nuestra conciencia, pues Dios es mayor que nuestra conciencia y conoce todo» (1Jn 3,19-20). Estas citas nos hablan de la misericordia infinita de Dios, un diagnóstico que coincide plenamente con las conclusiones a las que nos conduce el camino de nuestra exégesis, la salvación universal por la pura misericordia de nuestro creador y redentor, y que poco tienen que ver a nuestro juicio con la imagen que se desprende del Dios del Génesis si interpretamos su reacción tal como está siendo entendida aún por la Iglesia: la de alguien celoso del hombre que se indigna y utiliza su poder para castigarle a él y a toda su descendencia con el destierro del paraíso en un mundo lleno de dolor.

hoy: el hombre sigue siendo un misterio para sí mismo. Y ese misterio forma parte de la esencia de su humanidad.

Gn 3,10-13: —*Oí tus pasos en el huerto, tuve miedo y me escondí, porque estaba desnudo.*

El Señor Dios replicó:

—¿Quién te hizo saber que estabas desnudo? ¿Has comido acaso del árbol del que te prohibí comer?

—La mujer que me diste por compañera me ofreció el fruto del árbol, y comí.

Entonces el Señor Dios dijo a la mujer:

—¿Qué es lo que has hecho?

—La serpiente me engañó, y comí

El diálogo es puramente retórico. El hombre cuenta lo que el lector sabe que ha pasado porque ya se lo ha contado el narrador. El hombre no miente. Dice la verdad como antes hizo la mujer, y a diferencia de la manipulación de la serpiente. Se sincera ante Dios.

Vemos que el propio Adán confiesa que se esconde de Dios porque tiene miedo y explicita que el motivo de su temor es que está desnudo. Es el propio Adán el que vincula su desnudez con el temor que siente ante Dios. La relación entre los dos hechos (ir desnudo y esconderse) no la hace el narrador, la hace Adán cuando Dios le pregunta. Narrativamente hablando es muy curioso. Adán responde a la pregunta sobre *dónde* está diciendo *cómo* está: desnudo. Necesariamente, la respuesta indica que el estar desnudo es algo más que lo que aparenta. Es en realidad un dónde entendido no como lugar sino como momento existencial. Está desnudo porque *está* viviendo de forma animal y acaba de descubrir que no es ahí donde tiene que estar, ahora que ya tiene los ojos abiertos. Se siente avergonzado por eso. Según nuestro análisis, ahora que ya tiene conciencia moral es un ser humano y ha de vivir como tal para no avergonzarse de sí mismo ante Dios.

Muchos exegetas ven en cambio un interrogatorio a modo de juicio, una cadena de rupturas y enemistades que se introducen en la armonía inicial. El elemento clave del diálogo —señalan— es la desnudez. Y la ven como un «signo de culpabilidad».[85] Nuestra propuesta es que sea entendida como un signo de lucidez.

Avancemos en el diálogo que acaba de iniciarse entre Dios y el hombre.

Von Rad ve insolidaridad en la acusación realizada por el hombre a su mujer (vv. 11 ss) y sentencia que el pecado cometido juntos no une, separa. Observa incluso un intento del hombre de evitar su responsabilidad señalando a Dios (la mujer que me diste) a quien parece reprochar haberle dado una compañera así. Sin embargo, Dios le ha dado una compañera *adecuada*, ya que los animales no lo son (Gn 2,18-23) . No se corresponde esa voluntad de Dios con el supuesto perjuicio que la mujer le ocasiona. Por tanto, se refuerza nuestra tesis de que lo que ofrece Eva a Adán no es tal perjuicio sino todo lo contrario.

Del mismo modo que Adán señala a Eva como la causante de su infracción, Eva remite a la serpiente.

---

85 *Nota de la Biblia (Casa de la Biblia)*, 30.

Parece que ambos tratan de excusarse. Pero los dos explican exactamente lo que ocurrió.

«Es significativo que falte un interrogatorio a la serpiente», escribe Von Rad. La serpiente, capaz de hablar, según el relato, podría haber sido interrogada por Dios. A nuestro juicio, es signo de que la serpiente no tiene entidad, representa a la concupiscencia que hay dentro del hombre. Y al mal es al que maldice Dios, sin preguntarle previamente, por los motivos de su supuesto engaño, a diferencia de lo que ha hecho con el hombre y la mujer:

Gn 3,14: —*Por haber hecho eso, serás maldita entre todos los animales y entre todas las bestias del campo. Te arrastrarás sobre tu vientre y comerás polvo todos los días de tu vida.*

Interpretamos esta frase como una maldición al mal. Entendiendo al mal como la animalidad de una criatura, el hombre, que está llamado a la divinidad. Y la maldición es directa. Clara. Rotunda. Es una toma de postura de Dios en defensa del ser humano. El relato es etiológico y explica en realidad la forma en que se mueven las serpientes: arrastrándose. Pero entendemos que recurre a la imagen de esta realidad para utilizarla como símbolo de la mezquindad del mal y de su sometimiento.

Dios anuncia a la serpiente —el mal que hay dentro del hombre, pero que no le constituye— que será derrotada por la mujer: «Pondré enemistad entre ti y la mujer, entre tu linaje y el suyo; él te herirá en la cabeza, pero tú sólo herirás su talón» (Gn 3,15). Es a nuestro juicio, un fragmento esencial dentro del tercer capítulo del Génesis que analizamos. Porque nos descubre, ya en el mismo comienzo de la Biblia, cuál será el desenlace de nuestra historia. Nos desvela ya desde el principio cual será nuestro final.

Gn 3,15: —*Pondré enemistad entre ti y la mujer, entre tu linaje y el suyo; él te aplastará la cabeza, pero tú solo herirás su talón.*

Este versículo sustenta a nuestro entender el análisis que hacemos respecto al simbolismo de la serpiente, que hemos identificado con una humanidad primitiva en el proceso de su despertar. Es la propia Eva en su estado animal. Su concupiscencia. Dios le anuncia que le herirá, pero a continuación promete que la arrancará de ella y la destruirá.

Este momento del relato es de la máxima importancia, porque en él se encuentra la primera promesa de salvación del ser humano, al que promete separarlo del mal. Y no solo al ser humano, la enemistad es extensiva a todo el linaje. De modo, que según nuestro análisis, es el primer anuncio de que esa salvación que Dios acaba de prometer alcanzará a todo el género humano: será universal,[86] lo que constituye la conclusión final de nuestra tesis.

El fragmento Gn 3,15 es conocido como el proto evangelio: el primer anuncio de la Buena Noticia.[87] La

---

86 CÁNDIDO POZO, *María, la nueva Eva*, 151: «Linaje, descendencia o semilla (zera'): la palabra zera se dice primariamente de las semillas de las plantas (véase, p.e., Gén 1,12). Muy frecuentemente significa la descendencia, la posteridad humana; en tales casos, lo más normal es que tenga sentido colectivo».

87 Ibíd., 147: «Según parece, el primero en haber utilizado esta denominación fue el teólogo protestante Lorenzo Rhetius, quien

Iglesia ve una predicción mesiánica, indicio de la victoria definitiva, una interpretación con la que coincidimos plenamente.

El linaje de la mujer es Jesús.[88] Y él como cabeza de un cuerpo que abraza a toda la humanidad. Por tanto, Dios estaría anunciando ya la salvación del género humano, de la humanidad en su conjunto. Sin embargo, el texto indica que habrá lucha: «él te aplastará la cabeza, pero tú solo herirás su talón».

Parece claro que el vencedor será el linaje de la mujer puesto que mientras la serpiente herirá[89] su talón, el de la mujer aplastará su cabeza. Vemos pues en este momento crucial del fragmento analizado el anuncio de la victoria del ser humano sobre el mal que le acecha, gracias a Jesús. Por él, con él y en él, como recuerda un momento

---

escribe en 1638: "Pues merece el nombre de Protoevangelio, porque es el primer Evangelio, esta buena noticia que alentó al género humano privado de la gracia de Dios". El nombre de Protoevangelio comienza a emplearse por teólogos católicos en el siglo siguiente».

88 San Pedro CRISÓLOGO, *Sermones 117*: «El primer Adán es, en realidad, el nuevo Adán».

89 Cándido POZO, *María la nueva Eva*, 154-155: «Hay un pie que aplasta la cabeza de la serpiente, mientras ésta se lanza contra ese pie intentando alcanzar el calcañal [...] Aplastará (yesuf)-acecharás (tesuf): ante todo, puede resultar extraño que haya traducido con dos verbos diversos aplastar y acechar el mismo verbo hebreo suf (aplastar) cuando se trata del descendiente de la mujer y sa'haf (acechar) cuando se habla de la serpiente» [...] Coppens, manteniendo el mismo verbo *suf* en los dos casos, y recordando con Al Schulz la postura de defensa y no de ataque con que el texto describe a la serpiente, propone traducir en el primer caso como futuro que obtiene éxito (aplastará), y en el segundo como futuro de esfuerzo fallido (esforzarse sin conseguirlo).

estelar de la liturgia. Anuncia que habrá dolor, heridas, en esa lucha. A nuestro juicio es la descripción del mundo, del proceso,[90] del parto desde la animalidad del hombre hasta su divinidad, el cambio/conversión que describe San Pablo (Rm 8,22-23) que hemos de atravesar los seres humanos para llegar a la nueva creación: al Reino, prometido por Jesús. La historia de la salvación.

Gn 3,16: —*Multiplicaré los dolores de tu preñez, parirás a tus hijos con dolor, desearás a tu marido, y él te dominará.*

El autor del texto no parece hacer más que describir la situación que ve posiblemente en una comunidad primitiva y sedentaria en la que la fuerza física necesaria para la supervivencia es causa de una sociedad machista en la que el hombre domina sobre la mujer.

En sintonía con la interpretación que hemos hecho respecto a la maldición de Dios a la serpiente, el texto habla del dolor del parto, al dirigirse a la mujer, y narrativamente lo expresa como si hubiese sido una maldición. Sin embargo, sus palabras no son más que una descripción de lo que el autor bíblico observa que le ocurre a la mujer. También el dolor del parto es signo de humanidad. Los arqueólogos han descubierto que el bipedismo modificó la estructura del vientre femenino haciendo el conducto del parto más estrecho, motivo por el que empezó a ser más doloroso.

---

90 Ibíd., 148: «Establezco o pongo ('asît) es un imperfecto cuyo significado es una acción que empieza ahora, pero que va a perdurar en el futuro [...]Gramaticalmente, la forma verbal significa prolongación».

Las palabras que Yahvé dirige al hombre continúan esa descripción de la sociedad:

Gn 3,17-19: —*Por haber hecho caso a tu mujer y haber comido del árbol prohibido, maldita sea la tierra por tu culpa. Con fatiga comerás sus frutos todos los días de tu vida. Ella te dará espinas y cardos, y comerás la hierba de los campos. Con el sudor de tu frente comerás el pan hasta que vuelvas a la tierra, de la que fuiste formado, porque eres polvo y al polvo volverás.*

Vemos también en esta parte de la narración que se trata de un relato etiológico. Es la descripción del duro trabajo agrícola en los primeros tiempos y de la evidencia de la muerte, que engulle al ser humano. Por otro lado, queremos subrayar el hecho de que la maldición de Dios no se ha dirigido al ser humano, ni al hombre ni a la mujer, sino a la serpiente y a la tierra. Y son malditos, precisamente por dañar al hombre, que entendemos que recibe implícitamente la bendición divina, puesto que no ha sido maldito.

«El narrador describe como una disonancia en la creación, que no se explica por un orden original puesto por Dios, aquello que hace de la vida algo penoso. Entre el hombre y la tierra existen relaciones insondables de las que habla el pasaje»,[91] en interpretación de Von Rad.

Coincidimos con esa lectura. La creación que nos ha sido explicada en Gn 1, según la cual todo lo creado por Dios es bueno —muy bueno, como no podía ser de otro modo la obra de un ser infinitamente bueno y perfecto— contrasta con la realidad de la dureza de la vida que los

---

91 Gerard VON RAD, *El libro del Génesis*, 111.

hombres observan y a la que tratan de dar una explicación.

El relato concluye con un signo positivo:

Gn 3,20: —*El hombre puso a su mujer el nombre de Eva, es decir Vitalidad, porque ella sería la madre de todos los vivientes.*

Tras el anuncio de muerte, un signo de vida, que Eva está llamada a iniciar. «En esta nominación, escribe Von Rad, hemos de ver un acto de fe [...] un aferrarse a la vida que sigue siendo un gran milagro y un gran misterio».[92] Los hombres se asen a esta vida que transmiten las madres pese a las muertes individuales. Esta vida es la que ellos bendicen incluso si reviste la forma actual tan amenazada por la muerte ¡Quien podrá expresar lo que estas palabras encierran de dolor, y de amor, y de empeño!», exclama el autor.

Gn 3,21: —*Dios hizo para Adán y su mujer unas túnicas de piel, y los vistió.*

Dios muestra un trato tierno con el hombre al que acaba de castigar. Otra vez la desnudez ocupa un lugar importante del relato: es un gesto de paternidad. El padre viste a sus hijos. «Vemos al Creador por primera vez como Conservador», observa Von Rad. El relato podría ser también etiológico sobre el vestido. Adán y Eva se habían cubierto con hojas de parra. Ahora usan vestidos de piel. Y se los proporciona Dios.

Gn 3,22-23: —*Después el Señor Dios pensó: "Ahora que el hombre es como uno de nosotros, conocedor del*

---

92 Ibíd., 112-113.

bien y del mal, solo le falta echar mano del árbol de la vida, comer su fruto y vivir para siempré".

Tanto Castel como Von Rad ven una influencia de otros mitos: «Estamos aquí muy cerca de los mitos antiguos [...] Dios tiene miedo de que los hombres puedan apoderarse de lo que le es propio, el árbol del conocimiento del bien y del mal», escribe Castel. Por eso les prohíbe comer de él. A nuestro entender, esta deducción de ambos exegetas obedece a una interpretación demasiado pegada a la literalidad del texto (Gn 3,22) cuando leemos: «Ahora que el hombre es como uno de nosotros, conocedor del bien y del mal, solo le falta echar mano al árbol de la vida, comer su fruto y vivir para siempre». En nuestro caso, que hacemos una lectura más analógica, no lo vemos así, sino que interpretamos que las palabras de Dios responden en realidad al que será el futuro del hombre: la vida para siempre. Y Dios no recelaba de eso: la prueba es que lo creó a su imagen y semejanza y Él es inmortal.

Según nuestra observación, resulta extraño que Dios se moleste —como parece transmitir una lectura literal del relato— porque el hombre se parece a Él («es como uno de nosotros, conocedor del bien y del mal») ¿No era su voluntad que el hombre fuera imagen y semejanza suya, puesto que así lo creó? (Gn 1,27). ¿No sopló en su nariz su propio aliento para que se convirtiera en "un ser viviente"? ¿No es designio de Dios desde toda la eternidad que el hombre se salve (de la muerte) y llegue al conocimiento de la Verdad? Con esta frase precisamente encabeza la Iglesia su Catecismo. ¿Cómo es posible que la causa del castigo del hombre —según el relato del Génesis— coincida completamente con el que era su designio para éste desde toda la eternidad?

Entendemos que estas dudas quedan iluminadas si acudimos a la idea del tiempo, si recordamos que estamos inmersos en un proceso. Que la creación está en camino. Es la economía de la salvación, un recorrido que el hombre necesita hacer para alcanzar su destino, la gloria de Dios que, a diferencia de sus criaturas, habita en un hoy eterno.

Nuestra exégesis concluye que el árbol del conocimiento del bien y del mal y el árbol de la vida podrían ser un solo árbol. Así, sostenemos que el despertar en los primeros seres humanos de la conciencia moral —que es lo que en este trabajo defendemos que significa ser «conocedores del bien y del mal»— puso en marcha un proceso doloroso, pero que culminará en la vida eterna gracias al sacrificio en la cruz —que entendemos que queda prefigurada en el árbol de la Vida— del segundo y definitivo Adán: Jesús.

Capítulo 3

CONSECUENCIAS TEOLÓGICAS

3.1. LA LIBERTAD COMO DESTINO

El Catecismo explica que el hombre pecó porque Dios lo hizo libre.[93] Y es esa condición de ser libre lo que posibilitó que desobedeciera a su creador y, en consecuencia, perdiera el estado de armonía original en el que se encontraba. Como consecuencia, y por esa misma libertad, añade que el hombre actual puede llegar a condenarse pese a la salvación que Jesús ha obtenido para nosotros con su muerte.[94]

El concepto de libertad que defendemos en este trabajo en relación a Gn 3 es el siguiente: al despertar en el ser humano la conciencia moral experimentó su vocación de libertad. No la alcanzó, pero nació en él el anhelo de ser libre al abrírsele los ojos y descubrir que ese era su destino. Ahí, empezó su andadura como un ser único y singular entre todos los seres creados. La libertad, según nuestro entender, no está en el origen del pecado sino que es la meta de un camino que comenzó con el origen de la conciencia de pecado. Y es a la vez un atributo que posee el hombre parcial o potencialmente y que le convierte en

---

93 *Catecismo*, 111, n. 397: «El hombre (...) abusando de su libertad, desobedeció al mandamiento de Dios. En esto consistió el primer pecado del hombre».

94 Ibíd., 290, n. 1033: «Morir en pecado mortal sin estar arrepentidos ni acoger el amor misericordioso de Dios, significa permanecer separados de Él para siempre por nuestra propia y libre elección».

una criatura única en la creación. Porque entendemos que Dios es el único ser libre en plenitud, la humanidad *participa* de esta libertad divina de forma aún incompleta.

Siguiendo con nuestra propuesta interpretativa, al aparecer la conciencia moral en el hombre, descubre que hay un bien y un mal. Que es potencialmente libre porque no está ya sometido al imperativo de la única senda marcada por la ley de la supervivencia sino que se le abren dos opciones, dos caminos. Dos voces a seguir: la de la concupiscencia —la de los instintos, la de la animalidad que permanece en el hombre pese a haber despertado su conciencia—, representada por la serpiente, y la voz de Dios. El hombre ejerce su libertad cada vez que opta por el bien y así se acerca a su destino.[95] Y regresa a la esclavitud cuando se somete a la ley de la supervivencia, que es la concupiscencia, y retrocede a su pasado animal. En el origen, el ser humano comienza el camino hacia la libertad, que solo alcanzará gracias al segundo Adán, a Cristo, que por eso es nuestro salvador, el libertador de la esclavitud animal a nuestros instintos, que siguen ejerciendo en nosotros su fuerza. Dejarnos arrastrar por ella es permanecer en la esclavitud. Es el pecado. Vencerla es liberarnos.

A nuestro juicio, la voz de Dios que el hombre escucha en Gn 3 se ha de entender como una voz positiva que se enfrenta a nuestra animalidad para liberarnos. Recordemos que Dios no maldice a Eva sino a la serpiente,[96] que según nuestra exégesis representa el mal.

---

95 Jn 8,31-32.

96 Cándido POZO, *María, la nueva Eva*, Biblioteca de Autores Cristianos (BAC), 151: «Ante todo, es claro que mientras que, con respecto a la mujer, el "linaje" tiene su sentido obvio de

Así, su maldición es una bendición implícita para el ser humano, que queda liberado del mal que hay en su interior. Y lo mismo ocurre con la tierra: Dios maldice a la tierra, no a Adán. Si no los maldice a ellos, entendemos que los bendice, aunque el narrador no lo explicite, tal vez porque es una bendición realista, en medio de muchas dificultades, luchas, penalidades... pero a fin de cuentas, bendición.

En la Biblia, en general, se habla poco de libertad. No es un concepto bíblico. Predomina el término *èbed*, que tanto puede ser entendido como sirviente o como esclavo. Todo depende de quien se es èbed. Quien lo es del faraón, es esclavo. Quien lo es del Señor, es libre. El Adán de Génesis 3 es todavía esclavo, pero empieza su andadura hacia la libertad. El segundo Adán solo sirve a Dios: es totalmente libre. Cuando Dios *expulsa* a Adán y Eva del Paraíso, les está enviando a recorrer un largo camino hacia el árbol de la Vida, que hemos identificado con la cruz de Cristo, y que constituirá su destino final. El intelectual francés Jean-Marie Husser,[97] señala que la palabra *slh* traducida del hebreo como «expulsión», significa más bien «despedir». O «enviar a una misión». En línea, con esta interpretación, defendemos pues que cuando el hombre peca no es libre sino esclavo del pecado.

En consecuencia, nuestro análisis considera difícil de aceptar que el hombre salvado al precio nada menos que de la sangre Jesús,[98] el Hijo único de Dios, pueda condenarse porque es libre. Y defendemos que por Él los

---

descendencia física, la palabra aplicada a la "serpiente" [...] no puede tener más que un sentido moral».

97 Jean-Marie HUSSER, *Entre mito y filosofía*, 234.

98 En hebreo, Jesús quiere decir «Dios salva».

seres humanos quedaremos liberados del pecado que nos oprime, nos esclaviza y nos lleva a la muerte.

3.2. IMPERFECTOS PORQUE ESTAMOS EN PROCESO

Nuestra reflexión continúa con el siguiente razonamiento: el hombre es pecador porque es imperfecto. Imperfecto en el sentido de inacabado.[99] Que no ha llegado a la meta. Así, defendemos que somos imperfectos porque no estamos acabados, entendiendo «perfecto» en el sentido etimológico del término, que en sus raíces latina *per-factus* es aquel que ha alcanzado la forma acabada de su ser, y en la griega *teleios*, el que ha conseguido la meta. Se ha de entender meta en sentido de fin/finalidad: el telos es aquello que culmina una obra y la hace acabada y perfecta.

La idea de que el hombre peca no por maldad sino por falta de entendimiento, porque no es capaz de distinguir entre el bien y el mal perfectamente ya se encuentra en la filosofía griega antigua. Sin embargo, no es esta nuestra tesis. Observamos que el hombre no peca siempre por fragilidad o ignorancia, sino también a conciencia, por maldad, aun cuando sabe que algo está mal. Nuestra tesis es que lo hace porque el animal que hay todavía en él, puesto que Dios no ha acabado todavía de humanizarlo, sigue ejerciendo una fuerza maléfica de atracción en él, que quedará plenamente vencida por Cristo en la Parusía.[100]

Entendemos que el hombre, por tanto, fue creado

---

99 Alejandro MARTÍNEZ-SIERRA, *Antropología teológica fundamental,* 52: «La creación ex nihilo (de la nada) no excluye la creación evolutiva porque en la evolución no aumenta el ser del mundo sino su perfección».
100 Rm 7, 16-17.

«bueno», pero inacabado. Dios está *ahora* creándonos. Esta idea de *proceso creativo*[101] es otra idea esencial —a nuestro juicio— para poder entender correctamente la Verdad revelada en la Biblia.

La conciencia moral, cuyo despertar sostenemos que nos narra Gn 3, capacita al hombre para empezar a distinguir el bien del mal, y esa capacidad será después codificada en la Ley mosaica. Pero ni los primeros humanos representados por Adán ni los seguidores de Moisés consiguen que el simple conocimiento del bien y del mal les capacite para optar por el bien.[102] Jesús es el único que puede optar siempre por el Bien. Porque es Dios mismo. Él sí, opta siempre por el Bien porque es el hombre perfecto. El hombre sin pecado. Porque es el hombre acabado. El alfa y la omega. «El segundo Adán», en la terminología de San Pablo. El Verbo (Jn 1,3) por el que todo fue creado. Él sí es idéntico a Dios. Jesús es el hombre nuevo. La cabeza de un cuerpo que somos la humanidad entera (1Cor 12,12-13).

Entendemos que la redención es la recreación. La nueva

---

101 Alejandro MARTÍNEZ-SIERRA, *Antropología Teológica Fundamental*, 57: «El tiempo es la duración en la que Dios se revela y comunica a lo no-divino. En una dirección lineal y progresiva el tiempo revela el plan de salvación escondido desde la eternidad en el corazón de Dios (Dei Verbum 2ss) [...]El tiempo es el ámbito en que la Iglesia debe cristificar el mundo. Por eso nuestro tiempo es tiempo de misericordia y gracia [...] La acción creadora de Dios no es puntual. El mundo no está creado de una vez para siempre. La absoluta dependencia de la creatura del Creador requiere por parte de éste, una continuación de la acción inicial, que hizo pasar al mundo del no ser al ser. A esto llamamos creación continuada».

102 Otto KUSS, *Carta a los Romanos*, 56: «La ley solo aporta un conocimiento del pecado, pero ninguna fuerza para su superación».

creación en la que Dios quiere contar con la colaboración del hombre. El verdadero final de la obra creadora que ya estamos experimentando en estos tiempos finales.[103] Cristo es el Dios mismo encarnado que destruye toda imperfección inherente a la naturaleza humana. Esta sería la consecuencia teológica última de esta hipótesis: todos estamos salvados porque Cristo ha restaurado la naturaleza humana, que peca porque está todavía atada a los instintos de la animalidad que subyace en ella, y que se manifiesta muchas veces aún más cruel que en el resto de los animales. ¿Por qué? Porque el hombre no solo tiene necesidad de sobrevivir, no solo vive de pan: posee vanidad, soberbia, orgullo, envidia, codicia... Vivir, para él, no es sólo comer. Recordemos que Von Rad hablaba de concupiscencia triple en la mujer mientras reflexionaba sobre el árbol prohibido. Todo en él es más sofisticado y complejo. Por eso, cuando sigue su instinto animal puede llegar a ser aún mucho más cruel que los propios animales. Pero, a la vez, ese orgullo, esa vanidad, esa necesidad de Vivir con mayúsculas es en el fondo —aunque desviada— el ansia de vida eterna a la que se sabe destinado.

Según lo anterior, Dios habría tenido tres actuaciones directas puntuales , especiales y únicas en su hoy eterno, que es vivido por nosotros como un proceso temporal porque experimentamos de esa forma el proceso creador,

---

103 Hb 1, 1.3 «Muchas veces y de muchas maneras habló Dios antiguamente a nuestros antepasados por medio de los profetas; ahora en este momento final nos ha hablado por medio del Hijo, a quien constituyó heredero de todas las cosas y por quien hizo también el universo. El Hijo que, siendo resplandor de su gloria e imagen perfecta de su ser, sostiene todas las cosas con su palabra poderosa y que, una vez realizada la purificación de los pecados, se sentó a la derecha de Dios en las alturas».

nuestro paso del «no ser» al «Ser». Entre una y otra de esas tres actuaciones —siempre según nuestra hipótesis— habría asistido como observador respetuoso, dejando autonomía a su obra para que se fuese desarrollando por sí misma.

La primera de estas tres intervenciones directas del creador sería anterior al Big Bang. Stephen Hawking dice que no puede responder a la pregunta de qué había antes de la gran explosión que dio inicio al universo. Los creyentes decimos que fue la decisión creadora del Dios que es «El que Es»,[104] del Dios amor. A partir de ese primer momento creador, Dios dejaría que la materia surgida de la energía inicial siga sus propias leyes. Darwin y los evolucionistas lo formulan diciendo que en el proceso de la vida se conjugan los momentos de selección natural y de azar. Al azar, nosotros le llamamos intervención directa de Dios, por tanto, encontramos nuevamente la posibilidad de armonizar las conclusiones del saber científico con nuestra hipótesis teológica.

La segunda intervención directa de Dios podría corresponder a la aparición del hombre en la tierra. La ciencia no es capaz de descifrar tampoco cómo el simio del cual se supone que procedemos pasa a ser un hombre. Un ser que reconoce singular, muy especial. No comprende de dónde ha surgido ese ser con capacidad de evolucionar como ningún otro. Reconoce que hay una incógnita inexplicable: el llamado «eslabón perdido» entre el mono y el hombre. ¿Es un momento de azar? Para los creyentes es una nueva actuación directa de Dios, que insufla su mismo hálito vital a ese ser. La evolución por

---

104 Dios se refiere a sí mismo como El que es, cuando Moisés le pregunta cuál es su nombre: «Yo soy el que soy. Explícaselo así a los israelitas: "Yo soy" me envía a vosotros» (Ex 3, 14).

sí misma, por sus solas leyes internas, hubiera sido incapaz de dar ese salto esencial del mono al hombre.

Por último, la tercera intervención de Dios, la podríamos situar en la redención. El hombre capaz de distinguir el Bien del Mal hubiera sido incapaz, igual que hemos sostenido que ocurre en el primer y segundo caso, de llegar a hacer siempre el Bien, por mucho que fuera su empeño. Fue necesaria una tercera intervención de Dios, en este caso su propia encarnación, para lograr esa gran hazaña de la perfección (acabado, llegado a la meta). Jesús es el hombre que «acaba todo en todos», según nos dice San Pablo.[105]

3.3. SALVADOS SIN MÉRITO PROPIO

Y esta es la gran consecuencia teológica de la tesis: la salvación ha sido realizada por Dios. La humanidad entera está salvada por la redención de Cristo. Por pura decisión de Dios desde antes de todos los tiempos. Por pura gracia. ¿Sin obras, como sostuvo Lutero? No, con obras, como mantiene la Iglesia católica, pero esas obras las obraremos —según confiamos y defendemos en esta tesis— al final de los tiempos todos los seres humanos sin excepción porque Cristo ha derrotado el mal. Y ha injertado su naturaleza divina en nuestra naturaleza humana. El mal —siempre entendido como la fuerza del instinto animal que pervive en el ser humano, y no como un ser en sí mismo— será derrotado y el hombre liberado del pecado para toda la eternidad Nosotros cooperaremos con esa derrota, pero cada uno en su momento y desde su posición, y nadie antes de que Dios haya cambiado su «corazón de piedra en un corazón de carne», como

---

105 Ef 1,22-23.

anunció el profeta Ezequiel,[106]que le permita cumplir su voluntad.

La propuesta que queremos defender es esta: la salvación está realizada y es universal. Acoge a todos los seres humanos sin excepción. Definitivamente, el mal, del que la humanidad ya divinizada habrá quedado liberada, no tendrá ninguna posibilidad de retorno. La humanidad gozará para toda la eternidad al quedar integrada en la comunidad de amor formada por el Padre, el Hijo y el Espíritu Santo, que existe desde antes de todos los tiempos y que seguirá existiendo eternamente. Después de la Creación y la Redención, esa trinidad incluirá en la persona del Hijo a toda la humanidad. A ti y a mí. A nosotros. A todos.

---

106 Ez 36, 26.

CONCLUSIONES A LA PRIMERA PARTE

Llegados a este punto, podemos extraer las siguientes conclusiones:

PRIMERO. Gn 3 es un texto que habla de la misericordia de Dios de manera sorprendente. Relata el despertar en el ser humano primitivo, que se comportaba como un animal más, de una semilla que Dios le insufló al crearlo: la conciencia moral. La lectura en positivo que proponemos significa que el ser humano es capaz de juzgar la bondad o maldad de las acciones por el efecto que le ocasionan a sí mismo y a sus semejantes. Pero para juzgar que algo es bueno o malo, el hombre tiene que tener idea previa del Bien, del Bien absoluto. Al Bien absoluto, los creyentes y los filósofos le llamamos Dios. Podemos decir por tanto que aquel Adán (el hombre) del Génesis es capaz de intuir a Dios. Concluimos que el relato narra el inicio de la historia del hombre, que es hombre por su capacidad de conocerse a sí mismo y a Dios, un Dios que manifiesta su misericordia condenando a la serpiente por dañar al ser humano y con el gesto paternal de confeccionar vestidos (signo de humanidad) a sus criaturas, como ataviándoles para iniciar un largo viaje.

SEGUNDO. Antes de ese momento,[107] la vida humana no se distinguía apenas de la de los animales. Los seres humanos se alimentaban de la recolección y la caza. Su hábitat no era el paraíso, a no ser que se equipare el estado de inconsciencia con el de inocencia original. No se trata de que antes de adquirir conciencia del bien y del mal —momento que el relato de Génesis 3 expresa en un

---

107 Nos referimos a un momento existencial. No sabemos si se produjo repentinamente o fue necesario un proceso.

«abrírseles los ojos»— el ser humano no hubiese actuado mal, sino de que no tenía conciencia de haberlo hecho. La humanidad se encontraría en el estadio que la ciencia ha definido como *el eslabón perdido* y que para la religión es el de los dones preternaturales. La humanidad lo era, pero aún no se había manifestado como tal. El texto habla pues no del origen del pecado sino del origen de la conciencia de pecado. La conciencia de culpa es relatada narrativamente como una expulsión porque el hombre descubre el lugar al que está destinado: Dios o el Paraíso, y su experiencia vital le indica que no está ahí.

TERCERO. El texto transmite el primer anuncio de la resolución de la historia de la salvación, de la historia del hombre, ya en el relato que narra sus orígenes. Es el final feliz, el triunfo final del Bien sobre el Mal, que el Espíritu Santo ya inspira al autor bíblico. Por tanto, coincide con nuestra idea de salvación universal. Porque a quien Dios maldice no es a Adán ni a Eva, sino a la serpiente, que representa la concupiscencia. El mal que hay en ellos. Podemos concluir que si a ellos no los maldice, los bendice. Es, pues, la primera bendición.

CUARTO. Tras la adquisición de la conciencia moral y su capacidad para empezar a distinguir los comportamientos buenos de los malos, el ser humano se despega del resto de los seres de la creación porque puede eludir la única ley que rige para el resto de los animales: la ley de la supervivencia. Esa capacidad significa que es potencialmente libre. Pero no totalmente libre, porque sigue aferrado a su instinto animal. La diferencia es que ahora es consciente de ello. Su andadura vital —la nuestra— se librará desde entonces como una lucha entre dos fuerzas contrapuestas que conviven en su interior: la de la supervivencia/concupiscencia, que le sigue arrastrando hacia atrás por su pasado animal y la de la libertad descubierta que constituye la meta a la que se sabe destinado: Dios.[108]

QUINTO. La libertad humana no es la causa del mal sino el destino del ser humano. Adán no pecó por causa de su libertad, sino que su libertad parcial le permitió conocer el pecado y su poder esclavizante. La conciencia le permite empezar a liberarse de la esclavitud del pecado, pero solo parcialmente. Jesús es el único hombre verdaderamente libre porque es el hombre sin pecado.

SEXTO. Y en este punto se nos desvela el misterio de los dos árboles que de forma enigmática ocupan el centro del jardín del Edén. ¿Dos árboles o uno? —Se preguntan los exegetas. Nuestra propuesta es la siguiente: El árbol del conocimiento del bien y del mal y el árbol de la Vida son para Dios el mismo árbol porque Él vive siempre en el hoy eterno. Pero para el hombre, representan el tiempo histórico. El proceso hacia su divinización. La historia de la Salvación. El fruto del árbol del conocimiento proporcionó al ser humano la capacidad de distinguir el bien del mal, pero no le capacitó para optar siempre por el bien.[109] Le permitió con el tiempo codificar el bien y el mal, la elaboración de Ley, a modo de guía, pero la Ley le resultó imposible de cumplir. El fruto del árbol del conocimiento le puso en marcha hacia la libertad, pero no

---

108 «Yo soy un hombre acosado por apetitos desordenados y vendido al poder del pecado, y no acabo de comprender mi conducta, pues no hago lo que quiero sino lo que aborrezco. Pero si hago lo que aborrezco, estoy reconociendo que la ley es buena, y que no soy yo quien lo hace, sino la fuerza del pecado que actúa en mí" (Rm 7,14-17). Y en Gálatas 2, 20 proclama: "Y ya no vivo yo sino que es Cristo quien vive en mí».

109 Rm 7,18: «El querer el bien está a mi alcance pero el hacerlo no».

le liberó totalmente. El árbol de la Vida, que es la Cruz de Cristo, sí. Su fruto, el Espíritu que Cristo nos entrega, es nuestro libertador: «Yo soy el camino, la verdad y la Vida, nadie va al Padre sino por mí» (Jn 14, 6). Este punto constituye a nuestro juicio el mensaje cumbre del fragmento de Génesis 3. La conclusión última: Cristo salva a la humanidad de la esclavitud del pecado. Sin embargo, abre una profunda y difícil polémica sobre la gracia: ¿Es la muerte de Cristo en la Cruz por sí sola suficiente para nuestra salvación o es necesario el concurso de nuestros méritos? Es un asunto que ha venido enfrentando a protestantes y católicos, al que nos dedicaremos en la segunda parte de este trabajo.

SEGUNDA PARTE

ARGUMENTOS TEOLÓGICOS Y FILOSÓFICOS

Introducción

En esta segunda parte de nuestro trabajo queremos apuntalar nuestra exégesis de Génesis 3 y las consecuencias teológicas a las que nos ha conducido contrastándola con textos fundamentales de la fe y de la razón. Hemos querido armonizar estas dos fuentes del conocimiento, atendiendo así a los requerimientos que la Iglesia hace a los exegetas. Los correspondientes a la fe los hemos buscado en las que la Iglesia nos enseña que son las dos fuentes de la Revelación: Escritura y Tradición.

Así, hemos comenzado seleccionando los fragmentos bíblicos que la propia Iglesia elige como textos para ser proclamados la noche más importante del año litúrgico cristiano, la Víspera Pascual, en la que se celebra el gran acontecimiento: que Cristo ha sido resucitado por el Padre (Gn 1,1-2,2; Gn 22,1-18; Ex 14,15-15,1; Is 54,5-14; Is 55,1-11, Ba 3,9-15.32-4,4; Ez 36,16-28 y Rm 6,3-11). Aplicamos pues en nuestro trabajo exegético los criterios de la liturgia, atendiendo también en esto las recomendaciones del documento de la Pontificia Comisión Bíblica.[110] Veremos que estas lecturas vienen a confirmar ya en el Antiguo Testamento la sintonía de nuestra tesis con la novedad extraordinaria del

---

110 *La interpretación de la Biblia en la Iglesia,* 115: «En principio, la liturgia, y especialmente la liturgia sacramental, de la cual la celebración eucarística constituye la cima, realiza la actualización más perfecta de los textos bíblicos».

Cristianismo: la salvación por Cristo, que desvela el Nuevo Testamento.

En nuestra particular selección de textos bíblicos del Nuevo Testamento hemos acudido a las principales epístolas de San Pablo, empezando por la Carta a los Romanos, uno de cuyos fragmentos —Rm 6,3-11— es incluido también por la Iglesia para ser leído en la Víspera Pascual, el único del Nuevo Testamento, además del evangelio. Con este texto, de Pablo, concluye la secuencia seleccionada para la Víspera Pascual. Hemos recurrido, pues, a esta epístola de San Pablo, por su importancia capital, y porque nos resulta muy adecuada para argumentar nuestra exégesis. Acudimos también, aunque más brevemente, a las otras grandes cartas del apóstol porque entendemos que contribuyen a acabar de apuntalar nuestra tesis.

En cuanto a la Tradición, hemos acudido a la teología de algunos Padres, especialmente a San Agustín y sus tratados sobre la gracia. A continuación, buscamos aval en documentos del Magisterio de la Iglesia como el Concilio de Florencia y las encíclicas del Vaticano II Dei Verbum y Gaudium et spes.

Por último, en relación al apartado de la fe, encontramos también sintonía con nuestra interpretación de Gn 3 y sus consecuencias en textos de destacados teólogos contemporáneos de la ortodoxia católica, como Pierre Teilhard de Chardin, Walter Kasper y Edith Stein. También con representantes de otras confesiones, como el reformador Karl Barth, atendiendo así al esfuerzo que demanda la Iglesia en pro del ecumenismo y el diálogo interreligioso.

Respecto al ámbito de la razón, hemos buscado la conciliación fe-razón contrastando nuestra exégesis con las ideas de algunos de los principales nombres de la historia de la filosofía: Platón y Aristóteles, por ser los más grandes pensadores de la antigüedad en la cultura occidental. Y Spinoza, Pascal, Kant y Albert Camus, como nombres destacados de la filosofía moderna y contemporánea.

Capítulo 4

LA ESCRITURA

4.1. ANTIGUO TESTAMENTO: LECTURAS DE LA VÍSPERA PASCUAL

4.1.1. *(Gn 1-2,2): Y todo era muy bueno*

En la primera lectura (Gn 1-2,2) proclamada en la Víspera Pascual, la de la creación, observamos que cada acto realizado en los primeros días culmina con una calificación insistente: «y vio Dios que era bueno». Sabemos que antes de la creación divina no había nada salvo Dios: «La tierra era un caos informe; sobre la faz del abismo, la tiniebla» (Gn 1,1-2). Todo lo que existe, por tanto, lo creó Dios. Y todo lo creó «bueno».[111] En consecuencia, surge una pregunta lógica: ¿Si todo lo ha creado Dios bueno, cómo pudieron desobedecer a Dios Adán y Eva? Se nos dice que fue la soberbia la que hizo a los primeros hombres querer ser como Dios. ¿Y de dónde surgió la soberbia, si Dios lo había hecho todo

---

111 Alejandro MARTÍNEZ SIERRA, *Antropología teológica fundamental*, 10: «El Dios del Génesis no tiene origen. Está ahí al comienzo de todo [...] Bará es un verbo para indicar acciones exclusivamente divinas, cuyo efecto es algo totalmente nuevo y sin materia alguna precedente a la acción de Dios»., 10, (En nota): «Cf. H. Reinelt-L Scheffczyk-H: "Creación", en CFT, I, 327 s; H. Renckens, "Con más fuerza que nuestro 'crear' el *bara* hebreo expresa la totalidad de la acción, pues no basta que una cosa *tota quanta* sea producida por Dios: también la especie e incluso el orden óntico a que pertenece han de ser originales": *Así pensaba Israel* (Madrid 1960) 119 ss.».

«bueno»?[112] Esta incógnita se suele resolver con la idea de libertad del hombre: Dios nos hizo libres.

Pero la incógnita se podría resolver también desde otra perspectiva, que es la que proponemos para Gn 3: Dios puso en marcha la creación, pero no la terminó. Dejó ese trabajo al hombre. El ser que hizo a su imagen y semejanza —también en proceso, como el resto de lo creado— debía ser lógicamente creador como Él. Así, el mal se explicaría como consecuencia de la imperfección, palabra que etimológicamente significa no acabada, y a nuestro juicio armoniza con nuestra tesis de que la creación está en proceso. Inacabada. Tiene bondad esencial, por eso el texto dice e insiste a cada acto creador que Dios vio que era bueno. Pero ese calificativo no alcanza el «muy bueno» del final, el que Dios dedica a su obra al concluirla: «Vio entonces Dios todo lo que había hecho, y todo era muy bueno» (Gn 1,31). Los seis días de la creación representan el tiempo, el proceso salvífico. A nuestro juicio, esto significa que la perfección se alcanzará al final del tiempo, cuando el hombre haya participado en la obra creadora de Dios, como era su voluntad al hacerlo a su imagen y semejanza.[113]

---

112 Richard J. CLIFFORD - Roland E. MURPHI, O. CARM, *Nuevo Comentario Bíblico San Jerónimo*, 15: En el mundo que Dios ha hecho no hay nada malo, todo es bueno y bello.».

113 Ibíd, 15: «Toda la creación en su conjunto, y no solo en cada una de sus partes, es aclamada como muy buena, una séptima declaración de Dios que la constituye en el clímax de la serie [...] el ser humano es una escultura de la divinidad, pero no estática sino dinámica, cuya acción consistirá en dominar cuanto había sido creado (v. 26)».

4.1.2. *(Gn 22,1-18): El Dios de Abrahán no quiere sacrificios humanos*

La segunda de las lecturas que se proclama es Gn 22,1-18. El redactado del texto tiene una característica similar al de la expulsión del Paraíso, porque utiliza una forma narrativa que parece decir lo contrario de lo que entendemos que pudo ocurrir en realidad.[114] La imagen de Dios que se le presenta al hombre de hoy en este fragmento resulta también dura. Le pide a su siervo Abrahán que le ofrezca a su hijo en sacrificio.[115] ¡Que lo mate para Él! Hay que pararse a pensar cómo suena esto a un hombre del siglo XXI para constatar la necesidad de la exégesis.[116] Y no es un hijo cualquiera —que sería igual de cruel— sino el hijo largamente deseado, el fruto de Sara, la mujer estéril que Abrahán amaba. El hijo de un milagro.

Entendemos que el autor de este texto ha podido hacer uso de un recurso literario similar al de Génesis 3, que relata la expulsión del Paraíso, por lo que si son

---

114 *La Biblia. La Casa de la Biblia.* nota Gn 22,1-19,50: «Este relato, que originariamente invitaba a suprimir los sacrificios humanos, se ha convertido en el mejor ejemplo de la fe de Abrahán».

115 Gn 22, 2: «Toma a tu hijo único, a tu querido Isaac, ve a la región de Moria, y ofrécemelo allí en holocausto, en un monte que yo te indicaré».

116 Richard J. CLIFFORD - Roland E. MURPHI, O. CARM, *Nuevo Comentario Bíblico San Jerónimo,* 38: El humanismo ilustrado protestó contra el mandato divino de matar a su hijo: "Hay ciertos casos en los que el hombre debe convencerse de que no es Dios aquel cuya voz cree que escucha; cuando esa voz le ordena hacer algo que está opuesto a la ley moral, aunque el fenómeno pueda parecerle algo majestuoso y trascendente, deben considerarla como algo falso. (E. Kant, citado por Westermann, Genesis 12-36 354).

interpretados de forma literalista pueden transmitir una idea contraria al espíritu con el que el autor la escribió, es decir al mensaje que el autor bíblico quería transmitir. Nuestra propuesta es que hay que leerlos en clave positiva para interpretarlos según el espíritu con el que fueron escritos. En el caso del sacrificio de Isaac, sostenemos que lo que el texto recoge es el final de una práctica cruel: los sacrificios humanos, bastante habituales en las civilizaciones antiguas, cuyo objetivo era apaciguar la cólera de los dioses, a quienes temían. Por eso les ofrecían lo más valioso que tenían: la primacía de sus cosechas, los mejores animales y ¡sus primeros hijos! Era una forma de demostrarles que ellos, los dioses, eran lo más importante en sus vidas.

En este contexto político-social y religioso, surgió la fe de Israel. Por ello, interpretamos y defendemos que lo que trata de transmitir el texto bíblico que narra el sacrificio de Isaac es que «el padre de la fe» estaba dispuesto a sacrificar a su hijo igual que hacían los seguidores de las otras religiones politeístas, aun habiendo sido un hijo tan deseado. Quería demostrar a su Dios que era Él lo más importante de su vida. Más incluso que Isaac, su hijo único.

Pero cuando Abrahán iba a hacer —con infinito dolor, sin duda— aquello que consideraba su deber religioso, lo que creía —por contagio con las creencias de las culturas vecinas— que reclamaba su Dios, descubrió asombrado que no. Que su Dios es un dios de vida, distinto de las divinidades paganas. Podría entenderse que Abrahán (o el creyente ideal que representa), cuando se disponía a sacrificar a Isaac, experimentó una clara visión mística (se habla en el texto de un ángel, imagen simbólica de algo que transmite muy vivamente un mensaje de parte del mismo Dios) que le hizo comprender que Dios no quería que sacrificase a su hijo. Vio ante él un cordero, y fue capaz de darse cuenta —seguimos interpretando— que ese animal no estaba allí por casualidad, sino que era una señal divina. De modo, que liberó a su hijo, lo desató, y sacrificó en su lugar a un cordero.

De ser así, el fragmento estaría dejando constancia también, como sostenemos que ocurrió en Gn 3, de un paso gigantesco hacia adelante. Porque con el tiempo se fueron sustituyendo los sacrificios humanos por sacrificios animales en todas las religiones. Así, tanto Gn 3 como Gn 22 relatan a nuestro entender un gran avance en la conciencia que el hombre tiene de Dios.

4.1.3. (Gn 1-2,2): Voy a endurecer el corazón de los egipcios

De la tercera lectura de la Víspera Pascual (Éx 14,15-15,1) se puede extraer la idea de que todo es gracia. También toda conversión. Porque todo cambio en el corazón es obra de Dios: «Yo voy a endurecer el corazón de los egipcios para que los persigan (a los israelitas)». En este punto, interpretamos que Dios no endureció su corazón —no puede obrar el mal—, pero tampoco les concedió la gracia de ablandarlo y abrirlo. Esta idea quedaría reafirmada y clarificada un poco más adelante por otra lectura, la del profeta Ezequiel: «Os daré un corazón nuevo y os infundiré un espíritu nuevo; os arrancaré el corazón de piedra y os daré un corazón de carne. Infundiré mi espíritu en vosotros y haré que viváis según mis mandamientos».

4.1.4. *(Gn 1-2,2): Te escondí un instante mi rostro, pero con misericordia eterna te quiero*

La cuarta lectura de la Víspera Pascual nos dice que Jerusalén, ciudad que en sentido pleno entendemos que hace referencia a toda la humanidad, es como una esposa para Dios. De ahí que resulte fácil suponer que la actitud de Dios con la humanidad en su conjunto se identificará con la que ha tenido con Jerusalén: «El que te hizo te tomará por esposa; su nombre es Señor de los ejércitos. Tu redentor es el Santo de Israel, se llama Dios de toda la tierra. Como a mujer abandonada y abatida te vuelve a llamar el Señor, como a esposa de juventud, repudiada [...] Por un instante te abandoné, pero con gran cariño te reuniré».[117] Frente a la salvación de Jerusalén, el profeta anuncia que Babilonia será aniquilada. A nuestro entender, Babilonia representa el mal (o ausencia de bien) que será totalmente derrotado al final de los tiempos. ¿No se ve en este anuncio tanto el poder de Dios para lograr que su designio de salvación se cumpla —«Su nombre es Señor de los ejércitos»— como su misericordia para con la humanidad, a la que después de pasar por el destierro temporal —«por un instante te abandoné»— en el mundo se le anuncia el paraíso eterno?

---

117 Carroll STUHLMUELLER, *Nuevo Comentario Bíblico San Jerónimo*, 527: «Tras la solemne introducción del oráculo de salvación, se le asegura a Israel que puede olvidar "la vergüenza" de su juventud, la apostasía de los tiempos preexílicos (50,1). El poder creativo de Dios está en función de su amor redentor (Stuhlmueller, *Creative Redemption* 115-22) Encontramos la misteriosa teología de Gn 6,6; 8,21-22, en la que Dios se arrepiente de lo que había hecho, o aquella de Os 2,19-25; 11,1-12, en donde Dios no puede expulsar a su amada a pesar de sus constantes adulterios».

La lectura continúa así: «En un arrebato de ira te escondí un instante mi rostro, pero con misericordia eterna te quiero, dice el Señor, tu redentor». Interpretamos que habla del exilio temporal en el mundo y de la salvación eterna de la humanidad. Y añade una frase que parece querer transmitir la garantía de que su plan se cumplirá: «Aunque se retiren los montes y vacilen las colinas, no se retirará de ti mi misericordia, ni mi alianza de paz vacilará, dice el Señor que te quiere. Oh afligida, zarandeada, desconsolada!». ¡Qué bien descrito el dolor de la humanidad en este destierro por el que ha de pasar para llegar a la patria verdadera que es el cielo! Defendemos que aunque el profeta Isaías no haya pretendido hablar de una patria más allá de esta tierra, ese puede ser el sentido profundo del texto.

Y aún añade más: «Mira, yo mismo —claramente indica con ese «yo mismo» que es Dios quien lo hace— coloco tus piedras sobre azabaches, tus cimientos sobre zafiros; te pondré almenas de rubí, y puertas de esmeralda, y muralla de piedras preciosas. Tus hijos serán discípulos del Señor, tendrán gran paz tus hijos. Tendrás firme asiento en la justicia. Estarás lejos de la opresión, y no tendrás que temer, y lejos del terror, que no se te acercará» (Is 54,5-14).

Como la Iglesia nos enseña que la actitud que Dios mantuvo con Israel es modelo de la que mantiene con la humanidad, interpretamos que este texto del profeta Isaías transmite con nitidez la salvación, por pura gracia de Dios, de la humanidad entera, desterrada temporalmente en el mundo.[118]

118http://www.mercaba.org/DIESDOMINI/SS/VIGILIA/4leccome
ntario.htm.: «El abandono en que Dios tiene a su pueblo no es

4.1.5. *(Is 55,1-11): Mi palabra cumplirá mi encargo*

En una perspectiva similar sigue la quinta lectura: «Oíd, sedientos todos, acudid por agua, también los que no tenéis dinero: venid comprad trigo y comed de balde, vino y leche sin tener que pagar». A nuestro juicio, estas frases hablan claramente de la gratuidad de la salvación. «Sellaré con vosotros alianza perpetua. Buscad al Señor mientras se le encuentra». Esta frase nos sugiere la diferencia entre nuestro tiempo y el hoy eterno de Dios, un aspecto importante de nuestra propuesta interpretativa. Nos indicaría que la actitud del hombre ha de ser la de buscar a Dios, aunque Él ya está aquí porque el tiempo solo existe para nosotros, para Él todo ocurre en su hoy eterno. A continuación, se dirige al malvado y criminal, y después de invitarle a abandonar sus caminos y sus planes, le promete que «tendrá piedad» de él porque es «rico en perdón».[119]

---

más que aparente y "por un instante", porque Él mismo va a recobrar a su pueblo "con gran cariño", ya que le ama "con misericordia eterna" de la que jamás se echará atrás.[...] «Cierto que Sión fue mujer abandonada y desolada, pero nunca repudiada. Traspasando a Dios los sentimientos humanos de un fiel y celoso esposo herido por las infidelidades de su amada, reconoce que ha caído en un momento de cólera, de depresión y olvido. Pero vuelve los ojos a la tradición bíblica. Recuerda los días de Noé y constata que el castigo es siempre momentáneo en tanto el amor es eterno. Así ahora el destierro babilónico ha pasado mientras la Alianza de paz perdura por siempre. Podrán vacilar los montes y temblar los collados; la palabra de Yahveh, su amor, permanecerá como roca inconmovible. Jamás hombre alguno podría haber imaginado un amor semejante».

119 Carroll STUHLMUELLER, *Nuevo Comentario Bíblico San Jerónimo*, 531: «Este anuncio de salvación se vincula a la unidad anterior mediante una serie de palabras clave: clamar, pan, afligidos, placer, día. Al menos desde un punto de vista

Admitimos que la llamada al arrepentimiento podría interpretarse como una petición de cooperación del hombre en su salvación, y, en consecuencia, la necesidad de las buenas obras. De hecho, también nosotros lo interpretamos así, pero con el matiz de que a nuestro juicio el arrepentimiento del malvado se producirá en algún momento de su existencia, aunque sea el último segundo de su vida. Defendemos que está garantizado porque Jesús, como anuncia ya Génesis 3 y desvela el Nuevo Testamento, ha destruido el mal.

A los hombres nos cuesta aceptar la idea de salvación para los malvados, porque nuestra justicia mezquina difiere de la justicia de Dios, que es la misericordia porque nos conoce a fondo, con nuestras limitaciones, y nos ama. «Mis planes no son vuestros planes, vuestros caminos no son mis caminos, oráculo del Señor. Como el cielo es más alto que la tierra, mis caminos son más altos que los vuestros, mis planes que vuestros planes». Este fragmento habla a nuestro entender de la misericordia infinita de Dios. Y el siguiente, de la imposibilidad de fracaso: «Como bajan la lluvia y la nieve del cielo, y no vuelven allá sino después de empapar la tierra, de fecundarla y hacerla germinar, para que dé semilla al sembrador y pan al que come, así será mi palabra, que sale de mi boca: no volverá a mí vacía, sino que hará mi voluntad y cumplirá mi encargo». No parece, pues, que haya espacio para el fracaso. La voluntad de Dios, su encargo, es la salvación, la divinización de la humanidad.

---

estilístico, el cambio hacia un nuevo día ha comenzado ya en el interior de los pecadores».

4.1.6. *(Ba 3,9-15.32-4,4): La ley de validez eterna*

La sexta lectura parece enfatizar en el poder salvador de la sabiduría contenida en la ley de Dios, que ignoran los pueblos paganos. Pero el texto contiene un párrafo que parece afirmar también la posibilidad de condenación de algunas personas: Ba 4,1. Dice así: «[...] La ley de validez eterna, los que la guarden vivirán, los que la abandonen morirán». Sin embargo, este fragmento no habla a nuestro juicio de salvación o condenación en sentido escatológico.[120] En el Antiguo Testamento, la vida se define en función de la proximidad o lejanía de Dios. Por eso, la fuente de la vida es la Ley. Y no seguir esta fuente de vida es muerte. Pero de ahí a postular la posibilidad de condenación eterna de algún ser humano hay un salto muy grande.

Aplicando en este caso el criterio de jerarquía de verdades que es uno de los criterios que nos aconseja la Iglesia para la interpretación de la Biblia, consideramos que si la salvación no fuera universal Cristo y su misión habrían resultado un fracaso. El que sigue es nuestro argumento principal: aunque se condenara una sola persona, supondría un fracaso para nuestro Dios, el que nos ha revelado Jesús. Porque para Él cada ser humano tiene la importancia mayúscula que tiene un hijo para un Padre. Recordemos que es como un pastor, capaz de dejar el rebaño entero para ir en rescate de una única oveja perdida. Y si no vuelve por sí misma, la carga amorosamente sobre sus hombros. No es la del Buen Pastor una imagen marginal de Dios, sino una de las

---

120 Aloysius FITZGERALD, *Nuevo Comentario Bíblico San Jerónimo*, 858: «Lo que parece decirnos es que si Israel no observa la ley, Dios lo abandonará y dará la ley a otra nación. La gloria y los privilegios de Israel son el don de la ley mosaica».

estampas más reveladoras del Dios Padre que Jesús nos mostró.

4.1.7. *(Ez 36,16-28): Os daré un corazón nuevo*

De todas, la lectura más clara, a nuestro entender, es la que se lee a continuación en la misma noche de la Víspera Pascual. Reproducimos el texto en gran parte porque es uno de los que nos parece especialmente revelador:

«Hijo de hombre, cuando el pueblo de Israel habitaba en su tierra la profanó con su conducta y sus acciones [...]. Yo me enfurecí contra ellos, por haber cometido tantos asesinatos y haberse contaminado rindiendo culto a los ídolos. Yo los he dispersado entre las naciones, los he esparcido por diversos países; los he juzgado según su conducta y sus acciones. Al llegar a las diversas naciones, profanaron mi santo nombre, pues decían de ellos: "Son el pueblo del Señor y han tenido que abandonar su tierra". Así que yo tuve que defender mi santo nombre, profanado por el pueblo de Israel entre las naciones a las que fue».

«Por eso, di a los israelitas: Esto dice el Señor: No hago esto por vosotros, pueblo de Israel, sino por mi santo nombre que vosotros habéis profanado en medio de las naciones adonde fuisteis. Haré que sea reconocida la grandeza de mi nombre, que vosotros profanasteis entre las naciones. Así, cuando haga que por medio de vosotros sea reconocida mi grandeza en presencia de las naciones, sabrán que yo soy el Señor. Oráculo del Señor. Os tomaré de entre las naciones donde estáis, os recogeré de todos los países y os llevaré a vuestra tierra. Os rociaré con agua pura y os purificaré de todas vuestras impurezas e idolatrías. *Os daré un corazón nuevo y os infundiré un espíritu nuevo; os arrancaré el corazón de piedra y os daré un corazón de carne. Infundiré mi espíritu en vosotros y haré que viváis según mis mandamientos.* Viviréis en la tierra que di a vuestros antepasados; vosotros seréis mi pueblo y yo seré vuestro Dios».

A nuestro modo de ver, el anterior fragmento indica que la humanidad se convertirá porque Él le cambiará el corazón. Nos cambiará el corazón. En consecuencia, deducimos que nos salvaremos por gracia, pero esa gracia consistirá en la conversión de nuestro corazón en cumplimiento del eterno designio divino y, naturalmente, esa conversión se traducirá en buenas obras. Por tanto, nuestra propuesta es que las obras sí cuentan, pero surgen naturalmente, de un corazón convertido *por* Dios.

No parece, pues, que Dios vaya a permitir que su plan —«No lo hago por vosotros sino por mi santo nombre»— se frustre por el pecado, la infidelidad, la fragilidad del hombre. No ha de extrañar, por tanto, que en este trabajo se recele del argumento de que Dios permite la condenación por respeto a la libertad del hombre.[121]

---

121 Ya hemos expuesto nuestra interpretación de lo que es la verdadera libertad, pero por si quedara alguna duda, hemos acudido a un nuevo texto profético, en este caso de Jeremías, que contradice a nuestro juicio con una claridad meridiana ese argumento. Entendemos que es un texto rotundo a la hora de dejar claro que Dios forzará la conversión humana. Porque cuando Dios nos da ojos nuevos, nadie puede resistirse: «Tú me sedujiste, Señor, y yo me dejé seducir; *me has violentado y me has podido. Se ríen de mí sin cesar,* todo el mundo se burla de mí. Cada vez que hablo tengo que gritar y anunciar: "Violencia y opresión". La palabra del Señor se ha convertido para mí en constante motivo de burla e irrisión. Yo me decía: "No pensaré más en él, no hablaré más en su nombre". *Pero era dentro de mí como un fuego devorador encerrado en mis huesos; me esforzaba en contenerlo, pero no podía»* (Jr 20,7-9).

104

A nuestro modo de ver, y así lo defenderemos a continuación al contrastar nuestra tesis con las epístolas de San Pablo, el Dios de Jesús se revela ya en el Antiguo Testamento como el salvador universal.

4.2. NUEVO TESTAMENTO (CARTAS DE SAN PABLO)

4.2.1. *(Rm 6,3-11): Nuestra vieja condición ha sido crucificada con Cristo*

La Carta a los Romanos es uno de los escritos más sobresalientes del cristianismo. Se le ha llegado a denominar la catedral de la fe.[122] Y también, «el testamento teológico de Pablo».[123] La tesis de la carta es, según el exegeta Amédée Brunot, «la certeza de la salvación en el mundo venidero».[124] En la Carta a los Romanos, Pablo se refiere al pecado y su poder esclavizante. Mientras el «Evangelio es la fuerza decisiva del poder salvífico de Dios, que, en la miseria del hombre y del mundo, es el único que puede y quiere ayudar; en él se manifiesta y abre el camino que desde *la liberación de la servidumbre del pecado* y de la muerte lleva hasta la vida eterna».[125]

El fragmento elegido por la Iglesia como lectura de la Vigilia Pascual es Rm 6,3-11, y dice:

«Hermanos: los que por el bautismo nos incorporamos a Cristo fuimos incorporados a su muerte. Por el

---

122 Amédée BRUNOT, *Los escritos de Pablo*, 157: «Es el escrito más valiente, más profundo, más noble que jamás haya salido de una pluma humana».
123 Miguel SALVADOR, *La Biblia. Introducción a la Carta a los Romanos*, 1.700.
124 Amédée BRUNOT, *Los escritos de San Pablo*, 182.
125 Otto KUSS, *Carta a los Romanos*, 49.

bautismo fuimos sepultados con él en la muerte, para que, así como Cristo fue resucitado de entre los muertos por la gloria del Padre, así también nosotros andemos en una vida nueva. Porque, si nuestra existencia está unida a él en una muerte como la suya, lo estará también en una resurrección como la suya. Comprendamos que nuestra vieja condición ha sido crucificada con Cristo, quedando destruida nuestra personalidad de pecadores, y nosotros libres de la esclavitud al pecado; porque el que muere ha quedado absuelto del pecado.

Por tanto, si hemos muerto con Cristo, creemos que también viviremos con él; pues sabemos que Cristo, una vez resucitado de entre los muertos, ya no muere más; la muerte ya no tiene dominio sobre él. Porque su morir fue un morir al pecado de una vez para siempre; y su vivir es un vivir para Dios. Lo mismo vosotros, consideraos muerto al pecado y vivos para Dios en Cristo Jesús».

De este fragmento de la Carta a los Romanos, queremos destacar la frase: «Comprendamos que nuestra vieja condición ha sido crucificada con Cristo, quedando destruida nuestra personalidad de pecadores, y nosotros libres de la esclavitud del pecado; porque el que muere queda absuelto del pecado». Entendemos que podemos apoyarnos en estas palabras que indican uno de los principales argumentos de nuestra tesis: que la libertad no es la capacidad de optar entre el bien y el mal, sino la capacidad de obrar el bien y apartarse del mal, que el pecado es el que esclaviza al hombre y que es precisamente de esa esclavitud de la que nos libera Cristo. Y, por último, ¿a quienes? La respuesta de Pablo parece inequívoca: a todos. Puesto que habla de que lo que ha sido crucificado con Cristo es nuestra «vieja personalidad de pecadores», es decir, no el pecador, sino *el pecado*, que asola al ser humano.

Defendemos que la identificación del pecado como esclavizador del hombre en Rm 7,18b-20,[126] y la ausencia del pecado como liberación refuerza nuestro argumento de que *es el pecado el que esclaviza y condena*, y que la obra de Jesús en favor de la humanidad consiste precisamente en liberarla de esta esclavitud. La Iglesia así nos lo enseña en algunos de sus documentos magisteriales.[127]

A continuación, vamos a intentar reforzar estos argumentos recurriendo al mensaje de San Pablo en sus grandes epístolas, empezando por el análisis ampliado de la misma Carta a los Romanos que ya hemos empezado a comentar.

4.2.2. *La Carta a los Romanos: el poder esclavizante del pecado*

El tema central de la teología paulina es la salvación de la humanidad y la fuerza de Jesús para llevarla a cabo.[128]

---

126 «En efecto, el querer el bien está a mi alcance, pero el hacerlo no. Pues no hago el bien que quiero, sino el mal que aborrezco. Y si hago el mal que no quiero, no soy yo quien lo hace, sino la fuerza del pecado que actúa en mí».

127 Documentos de la Iglesia como la exhortación apostólica *Evangelii Nuntiandi*, del Papa Pablo VI ratifican la misma idea: la salvación de Cristo consiste no en liberar al mundo de algunos hombres malos, sino *en liberar a todo hombre del pecado, que le oprime y le esclaviza*. «Salvación -dice pues Pablo VI en su exhortación *Evangelii Nuntiandi*, de todo aquello que oprime al hombre, sobre todo el pecado y el maligno».

128 Amédée BRUNOT, *Los escritos de Pablo*, 28: «Pablo comprendió que Cristo era a la vez el centro y la cima de la historia y de la creación, el Hijo de Dios y el hijo de David. Comprendió que

Vamos a verlo en la Carta a los Romanos y en las otras grandes cartas del apóstol:[129] Corintios, Gálatas y Efesios. En todas ellas Pablo nos quiere transmitir un mensaje fundamental, claro y clave: que la salvación está garantizada, y que no la obtendremos por nuestras buenas obras sino por Cristo. Es decir, por gracia. Porque ese es el designio de Dios desde toda la eternidad.

San Pablo sostiene que el evangelio de Jesús, que él anuncia, tiene fuerza para salvar a todos cuantos quieran acogerlo mediante la fe.[130] Todos los hombres estamos bajo el pecado pero *a todos igualmente y con más eficacia* nos puede alcanzar la salvación.[131] De esta cita

---

aquel hombre del que creía que su cadáver habría acabado corrompiéndose en algún rincón de los alrededores de Jerusalén vivía realmente a la derecha del Padre, en cada uno de los fieles, en él mismo, pobre Pablo, y finalmente en toda la iglesia que se había convertido por el sacrificio de la cruz en el cuerpo mismo del resucitado. Ningún hombre, por muy hundido que estuviera en el mal, podía escaparse del aguijón de aquel que es el Señor y el Salvador Universal. Todo el apóstol está en esta intuición».

129 Otto KUSS, *Cartas a los Romanos, Corintios y Gálatas*, 13: «Las grandes cartas (Rom, 1Cor, 2Cor y Gál) [...] contienen realmente las ideas fundamentales de la teología paulina».

130 Joseph A. FITZMEYER, *Nuevo Comentario Bíblico San Jerónimo*, 362: «Pablo llegó a comprender que la justificación y la salvación no dependía de las obras prescritas por la ley, sino de la fe en Cristo Jesús, el Hijo al que el amor del Padre no perdonó, polemizaba con grupos judíos que se negaban a desvincular el cumplimiento de la Ley de la salvación».

131 AMÉDÉE BRUNOT, *Los escritos de San Pablo (Carta a los Romanos)*, 184: «Pone en paralelismo a Adán y a Jesús, pero es éste el que nos revela a aquél, es la sobreabundancia de la gracia la que nos ilumina sobre la miseria de la desgracia. Adán no tiene aquí más que un papel secundario, como demuestra la estructura literaria del texto en el que vemos a Adán citado en proposiciones comparativas o condicionales, mientras que Jesús ocupa el centro del cuadro.,184.

queremos resaltar la idea de que la eficacia del evangelio está garantizada por su propia fuerza.[132] «Pablo presenta a toda la humanidad bajo el dominio del pecado y necesitada, por tanto de salvación. Solo Dios, por medio de la fe en Jesucristo, pueda salvarla [...] *Jesucristo, el Salvador, nos libera de nuestro trágico destino de pecado y de muerte y nos introduce en una vida nueva,* la vida según el Espíritu».[133]

El propósito de este capítulo es argumentar pues, que nuestra hipótesis sobre Gn 3 no solo es perfectamente acorde con la teología de San Pablo, [134] sino que además puede hacer más inteligibles para el hombre de hoy las palabras del apóstol de los gentiles y primer teólogo cristiano. [135]

Se nos podría objetar que en algunos de sus textos San Pablo parece contradecir la tesis nuclear de sus cuatro grandes cartas al pedir a sus oyentes que obren según el espíritu y no según la carne, lo que cabe interpretarse como una llamada a las buenas obras como requisito para

---

132 JOSEPH A. FITZMEYER, *Nuevo Comentario Bíblico San Jerónimo,* 367: «"Fuerza de Dios": Esta descripción inicial del evangelio subraya que no es simplemente un mensaje, una filosofía o un sistema de pensamiento que se haya de aprender; es el "relato de la cruz" (1 Cor 1, 18). "Fuerza de Dios" es una abstracción que expresa la energía (dynamis) con que Dios afecta al curso de la historia humana».

133 Miguel SALVADOR, *La Biblia (n. 1 Carta a los Romanos),* 1702

134 AMÉDÉE BRUNOT, *Los escritos de Pablo,* 195: «En las cartas y en los labios de Pablo no se trata más que de salvación, es decir, de ese amor increíble del Padre que nos inunda ya aquí en este mundo para llevarnos a nuestra realización total».

135 Ibíd., 20-21: «Se nos presenta tal como lo definió Deissmann: "el primero detrás del único", o —para emplear el estilo del apóstol— como "el primero en el Único"».

ser salvados. Pero interpretamos que las buenas obras a las que se refiere y en el contexto en el que lo hace, como veremos más adelante, se contraponen más al ritualismo religioso que a las malas, es decir, que a los pecados, de los que él mismo se confiesa más víctima que culpable,[136] y que cuando habla de salvación alude no a la salvación escatológica,[137] sino a la que se produce ya ahora: a la paz del corazón durante nuestra vida en este mundo.[138]

El apóstol de los gentiles explica, no solo en la Carta a los Romanos sino en sus principales epístolas, que todos

---

136 «Y no acabo de comprender mi conducta, pues no hago lo que quiero sino lo que aborrezco.» (Rm 7, 15). O «tengo un aguijón clavado en mi carne, un agente de Satanás encargado de abofetearme para que no me enorgullezca.» (2 Co 12,7).

137 *Nuevo comentario bíblico San Jerónimo,* 381-382: «El primer efecto de la justificación que el cristiano experimenta es la paz [...] el presente de indicativo echomen, "tenemos paz", es la lectura preferida; el pres. subjunt. "tengamos paz" aunque mejor atestiguado, es una evidente corrección de copista. El indicativo afirma el efecto, mientras que el subjuntivo significaría "Demostremos esta justificación con una vida de paz con Dios". [...]La paz que los cristianos experimentan se debe al hecho de haber sido introducidos en la esfera del favor divino por Cristo [...] El segundo efeco de la justificación es una esfera confiada. [...] Sin embargo, la esperanza es en realidad tan gratuita como la fe. [...] Lo que el cristiano espera es la gloria de Dios comunicada, todavía por alcanzar, aun cuando el cristiano ya ha sido introducido en la esfera de la "gracia" [...]. Pablo no está propugnando una especie de pelagianismo cuando dice que la tribulación produce paciencia, la paciencia temple, y el temple esperanza, pues la base de todo ello es la gracia divina».

138 AMÉDÉE BRUNOT, *Los escritos de Pablo,* 182: «Por medio de Cristo, no solamente somos justificados (realidad actual), sino que somos salvados (realidad futura). Ya desde ahora podemos saborear las primicias de la tierra prometida: la paz y el gozo, que son los frutos del Espíritu. La justificación es la prenda de la salvación».

los hombres estábamos bajo el dominio del pecado y es Cristo quien nos libera. En este trabajo identificamos ese dominio al que se refiere el apóstol con la tendencia que persiste en el hombre, pese a ser ya consciente del Bien y del Mal, a su origen, que no es, según nuestra hipótesis, el de un antepasado perfecto (Adán) habitando en un Paraíso, sino el de un homínido con aspecto de simio. El propio Pablo corrobora esta idea en la primera Carta a los Corintios (1 Co 15,46-47), como veremos al analizarla.

Es su propia experiencia la que le revela el pecado más como esclavitud que como culpa. Y lo expresa en textos como el ya citado de la Carta a los Romanos (Rm 7,18-20) y en otros como la segunda carta a los Corintios en la que se reconoce «herido por un aguijón» clavado en su carne (2 Co 12,7) y se lamenta al sentirse arrastrado por su tendencia. Vemos en estos textos una queja más que una confesión. ¿Quién le liberará? ¿Quién nos liberará? La respuesta de Pablo es contundente: *Cristo*. Y lo expresa apasionadamente, de forma casi visceral, con todo su ser: «¡Desdichado de mí! ¿Quién me librará de este cuerpo, que es portador de muerte? ¡Tendré que agradecérselo a Dios por medio de Jesucristo, nuestro Señor!» (Rm 7,24-25).

Pero esa salvación/liberación del hombre por Cristo no está acabada: se trata más bien de un proceso en marcha que se va realizando poco a poco en el tiempo. Pablo expone una moral dinámica, en incesante combate entre las dos fuerzas que habitan en el interior del alma humana: la del origen y la del destino. «Resumiendo, que soy yo mismo quien con la mente sirvo a la ley de Dios y con mis desordenados apetitos vivo esclavo de la ley del pecado» (Rm 7,25b).

San Pablo, parece dejar claro que la salvación es un proceso cuando escribe que Cristo murió por nosotros siendo pecadores y su muerte nos puso «*en camino*» de salvación. Y añade cómo proseguirá ese proceso de salvación de los pecadores hasta su culminación: [...] «Con mayor razón, pues, a quienes ha puesto en camino de salvación por medio de su sangre, los salvará definitivamente del castigo. Porque si siendo enemigos Dios nos reconcilió consigo por la muerte de su Hijo, mucho más, reconciliados ya, nos salvará para hacernos partícipes de su vida» (Rm 5,9-10).[139]

---

139 *Nuevo Comentario Bíblico San Jerónimo (Nuevo Testamento)*, 1143: «Desde el principio, la predicación de Jesús sobre el reino de Dios incluyó la expectación del sufrimiento, muerte y resurrección, no como la misión especial de Jesús, sino como la tribulación que todos los elegidos debían padecer en la lucha final con los poderes del mal. Al fallar la predicción de Mt 10,23, Jesús tomó el control de la rueda del mundo para llevar su movimiento a su última revolución, la que conduciría la historia a un final. Cuando el mundo rehusaba girar, él mismo se lanzó sobre él. Entonces el mundo giró y le aplastó. Su cuerpo destrozado permanece aún sobre él. "Esta es su victoria y su reinado" (The Quest of Historical Jesús (Nueva York 1968; al. 1906) 350-97; esp 371). Según Schweitzer (399), "Jesús significa algo para nuestro mundo debido a la poderosa fuerza espiritual que emana de él desde entonces y que fluye hasta nuestro tiempo." [...] Bultman (Crítica del NT, 70:46-52) afirmó que mientras que el reino de Dios es en sí mismo enteramente futuro en el mensaje de Jesús, es también una fuerza que actúa en el presente mediante una llamada a la decisión personal (Véase Perrin, Jesús 35-35). Por su parte, J. Jeremías (Crítica del NT, 70:30) sostuvo que Weiss, Schweitzer y Bultmann eran parciales considerando que la escatología de Jesús era puramente futura, y que Dodd también lo era afirmando que era puramente presente. Cada posición tenía alguna justificación. El resumen de la predicación de Jesús, según Jeremías, era que había una escatología en proceso de realización (66 infra; Perrin, Jesús 39).

También en la primera carta a los Corintios, el apóstol reafirma esta idea, cuando explica: «Ahora vemos oscuramente, entonces veremos cara a cara». Y «Os recuerdo [...] el evangelio [...] que os está[140] salvando» (1 Co 15,1-2).

a) Los dos adanes

Al tema de los dos adanes, fundamento de la fe cristiana,[141] dedica San Pablo la parte central de su Carta a los Romanos. La más clara: «Por un hombre entró el pecado en el mundo y con el pecado la muerte. Y como todos los hombres pecaron, a todos alcanzó la muerte. Cierto que ya antes de la ley había pecado en el mundo; ahora bien, el pecado no se imputa al no haber ley. Y sin embargo, la muerte reinó sobre todos desde Adán hasta Moisés, incluso sobre los que no habían pecado con una transgresión semejante a la de Adán, que es figura del que había de venir» (Rm 5,12-14).

Siguiendo nuestra hipótesis, si cuando leemos «pecado» en este texto entendemos «la culpa» que el hombre es capaz de experimentar ante determinadas acciones tras adquirir la conciencia de pecado, se puede interpretar perfectamente a San Pablo afirmando que cuando el ser humano alcanzó la capacidad ética para juzgar las acciones como buenas o malas, sus descendientes nacieron ya con esa capacidad. Esta interpretación parece más acorde con el pensamiento

---

140 El subrayado es nuestro. Queremos destacar que el apóstol usa el presente continuo: «...os está salvando», crucial en nuestra argumentación.

141 SAN AGUSTÍN, *De la gracia de Jesucristo y el pecado original*, Tratados sobre la gracia, 306: «En estos dos hombres, Adán y Jesucristo, reside el fundamento de toda la fe cristiana».

teológico de San Pablo que la que todos los hombres hayamos sido condenados simplemente porque uno pecara antes.

«Aunque no eran filósofos de la era nuclear, no por eso Pablo y los maravillosos narradores del Génesis ignoraban las nociones de causa y de origen. Eran incluso capaces de discernir a través de la pareja original a la vez la universalidad del género humano y su punto de partida. ¿Por qué entonces no iban a poder captar que el instante en que el hombre tomó *conciencia del fenómeno de la libertad como poder de opción coincidió con el del primer pecado,* manifestación abusiva de dicho poder?», escribe Amédée Brunot.[142]

b) Alerta contra el ritualismo religioso del *pueblo elegido*

Con la carta a los Romanos, Pablo responde a los que creen que están salvados por el hecho de pertenecer a un pueblo: el judío. «En Dios no hay favoritismos. También los judíos son culpables. Todo el que haya pecado también perecerá...» (Rm 2,11).[143] Entendemos que este error, del que alerta, podría ser comparable hoy al de los cristianos que sostienen que están salvados por estar bautizados (equivalencia a circuncidado) y que la Biblia advierte ya desde el Antiguo Testamento (Is 1,11). Pablo enseña que lo que salva no es la pertenencia a un pueblo, a una religión o a otra. Lo que salva, afirma, es la acción. Pero, no la acción —entendemos— como el pago imprescindible de los hombres a Dios para salvarse, sino en un sentido equiparable al evangelio de Mateo 25: «Cuanto hicisteis a uno de esos mis humildes hermanos,

---

142 Amédée BRUNOT, *Los escritos de Pablo,* 185-186.
143 Ibíd., 173: «Pablo se vuelve ante un judío lleno de sí mismo y desinfla implacablemente su autosuficiencia».

114

conmigo lo hicisteis». Las palabras de Pablo son, a nuestro juicio, una advertencia contra el pecado de idolatría, porque a Dios se le ama amando a sus hijos.

En este punto, podría parecer que entramos en contradicción puesto que defendemos que la teología de Pablo habla de la salvación por gracia y ahora apelamos a las buenas obras de las que habla Mateo 25. Sin embargo, entendemos que el evangelio de Mateo está más bien en consonancia con la pedagogía de Jesús insistiendo continuamente en condenar el mal, pero perdonando al pecador. Pensemos en los publicanos, en la mujer adúltera: «No necesitan médico los sanos, sino los enfermos. Yo no he venido a llamar a los justos, sino a los pecadores, para que se conviertan.» (Lc 5,31-32).[144]

---

144 El propio Jesús lo advierte con la parábola del trigo y la cizaña, que han de crecer juntas hasta el final del tiempo en el interior del alma humana. También se desprende la misma interpretación del evangelio en el que Pedro recibe la felicitación de Jesús porque acaba de ser canal de Dios al reconocerle como el Mesías enviado de Dios y le hace por ello piedra sobre la que edificar su Iglesia (Mt 16,17-18), e inmediatamente después le recrimina y le exige que se aparte de él, tildándole nada más y nada menos que de «Satanás» (Mt 16,23). Es evidente las mismas personas que en en alguna ocasión han contribuido a dar de comer a un hambriento han consumido alguna vez excesivamente con un dinero que podría haber podido salvar una vida humana entre los miles de hambrientos que aún hay en el mundo. ¿A qué se refiere pues Mateo en este evangelio que es uno de los más esgrimidos por quienes sostienen que sí puede haber infierno, entendido como lugar de condenación eterna de algunas personas después de la muerte? A nuestro juicio, habla de acciones. Acciones salvadoras, liberadoras de nuestro egoísmo, frente a acciones egoístas que nos mantienen aferrados y esclavizados al pecado. A nuestro juicio, es un evangelio no escatológico, pese a que lo aparenta la forma narrativa. Una advertencia contra la idolatría: Jesús nos enseña que al Dios verdadero, a Él, se le ama amando a las personas.

La conversión a la que Cristo llama no parece identificarse con un ritualismo religioso. Y esa, entendemos, es la tesis de Pablo en la Carta a los Romanos. La conversión a la que llama Jesús —frente al mero ritualismo que puede caer en la idolatría y que ya el Antiguo Testamento advierte que Dios rechaza[145]— no puede ser fruto de un esfuerzo personal realizado para ganar el cielo. Es siempre el resultado de una conversión previa del corazón, que define como fe.[146]

Llegados a este punto, se nos podría plantear un nuevo interrogante: si la fe es un don totalmente gratuito de Dios o requiere una predisposición especial por parte de cada hombre para acogerla. A esta duda nos responde San Agustín, el doctor de la gracia. Y lo hace contundentemente. Por eso, le hemos dedicado un capítulo en este trabajo.

En sus *Tratados sobre la gracia*, afirma una y otra vez que todo es gracia. Tanto la fe como la predisposición para acogerla y la perseverancia en mantenerla. La gran incógnita para el doctor de la gracia es por qué si la gracia resulta siempre eficaz en la conversión de los hombres Dios no la concede a sus hijos. Reconoce no entender por qué. Es un misterio para él, que analizaremos en el próximo capítulo.

Debía ser tanto el énfasis que Pablo ponía en defender la salvación por la gracia de Cristo y no por el

---

145 Is 1,15-17: «Cuando extendéis las manos para orar, aparto mi vista [...] buscad el derecho, proteged al oprimido, socorred al huérfano, defended a la viuda».

146 Joseph A. FITZMYER, S. J.,*Nuevo Comentario Bíblico San Jerónimo, 375*: Los vv. 21-31 son la parte más importante de Rom, pues de hecho formulan la esencia del evangelio de Pablo: la salvación por la fe en el acontecimiento Cristo.».

cumplimiento de los mandatos de la Ley que algunos le acusaban de incitar al pecado, a lo que el apóstol replica: «¿Habrá que hacer el mal para que venga el bien, como algunos calumniadores dicen que yo enseño?» (Rm 3,8). «Por tanto» —añade—: «¿Tenemos o no tenemos ventaja los judíos?». No del todo, ya que hemos demostrado que todos, tanto judíos como no judíos, están bajo el pecado.[147] Como dice la Escritura: «No hay ni siquiera un justo, no hay un solo sensato» (Rm 3,9). E insiste: «Y no hay distinción (entre judíos y gentiles): todos pecaron y todos están privados de la gloria de Dios, pero ahora Dios los salva *gratuitamente por su bondad en virtud de la redención de Cristo Jesús, a quien Dios ha hecho, mediante la fe en su muerte, instrumento de perdón»* [148] (Rm 3,22b-25). Esta frase, creemos, es el núcleo de la teología paulina. [149]

Dios ha hecho a Cristo, «mediante la fe en su muerte, instrumento de perdón». Ha manifestado así su fuerza salvadora pasando por alto los pecados cometidos en el pasado, porque Dios es paciente. Pero es ahora, en este momento, cuando manifiesta su fuerza salvadora al ser él mismo salvador de todo el que cree en Jesús», dice el apóstol. «Estoy convencido de que el hombre alcanza la

---

147 Ibíd., 374: «Es la primera vez que se menciona el "pecado" y lo personifica como un amo que domina a un esclavo; mantiene a los seres humanos cautivos suyos».

148 Ibíd., 375: «Pablo va a demostrar que con la venida de Jesucristo, cuya misión fue una manifestación de la rectitud divina, dio comienzo en la historia humana una época nueva».

149 Ibíd., 375: «Pero ahora: El adv. "ahora" es temporal, señala la nueva era inaugurada. Ésta sustituye la ley, la circuncisión y las promesas. La época de la ira cede también el paso a la de la rectitud de Dios. Éste es el primer uso del "ahora" escatológico en Rom».

salvación por la fe y no por el cumplimiento de la ley», reafirma.[150]

c) La posteridad de Abraham heredera de la gracia

En la misma carta a los Romanos, el apóstol de los gentiles afirma que la salvación es gratuita, y por tanto universal. Lo predica de esta manera: «Toda ley[151] (o norma moral) lleva aparejada su sanción, pero donde no hay ley tampoco puede haber transgresión. Por eso la herencia depende de la fe, es pura gracia, de modo que la promesa se mantenga segura para toda la posteridad de Abrahán» (Rm 4,16). Y nosotros somos posteridad de Abrahán. Toda la humanidad lo es. Si Adán es nuestro padre en la carne, Abrahán lo es en el espíritu. «Te he constituido padre de muchos pueblos», dice la Escritura, que cita Pablo en su carta. «Estas palabras de la Escritura no se refieren solamente a Abrahán. Se refieren también a nosotros, que alcanzaremos la salvación si creemos en aquel que resucitó de entre los muertos a Jesús nuestro Señor, entregado a la muerte por nuestros pecados y resucitado para nuestra salvación» (Rm 4,23-25).

En la primera carta a los Corintios, el apóstol expresa también esta idea de universalidad al comparar a la humanidad con un cuerpo y a cada ser humano con un miembro de ese cuerpo (1 Co 12,12-14). La imagen nos resulta muy adecuada. ¿Porque alguien contempla la posibilidad de que una persona pueda considerarse sana si tiene una pierna enferma? ¿O un brazo? ¿O el corazón? El cuerpo humano solo puede considerarse sano si gozan de salud todos y cada uno (hasta el más insignificante) de

---

150 Rm 3,28.
151 Consideramos que puede identificarse la «ley» a la que se refiere Pablo con norma moral para actualizar su mensaje.

118

los miembros de su cuerpo. «¿Que un miembro sufre? Todos los miembros sufren con él» (1Co 12,26).[152]

Observamos, pues, que San Pablo predica con pasión[153] la gratuidad y universalidad de la salvación, algo que en este trabajo consideramos de la máxima importancia: Dios salva a todos los seres humanos. Y solo por amor. Porque ama al hombre, al ser humano, que ha creado precisamente para redimirlo. Es decir, le ha dado vida (en Adán) para llegar a darle Vida (en Cristo).

«Estábamos nosotros incapacitados para salvarnos, pero Cristo murió por los impíos en el tiempo señalado». San Pablo prosigue su enseñanza a través de la Carta y añade: «Así pues, por un hombre entró el pecado en el mundo y con el pecado la muerte. Y como todos los hombres pecaron, a todos alcanzó la muerte. [...]. «Pero no hay comparación entre el delito y el don. Porque si por el delito de uno todos murieron mucho más la gracia de Dios, hecha don gratuito en otro hombre, Jesucristo, sobreabundó para todos. Por tanto, así como por el delito de uno solo la condenación alcanzó *a todos los hombres,*

---

152 Amédée BRUNOT, *Los escritos de san Pablo*, 85: «Pablo llega a vislumbrar que no ha sido solamente el hombre el que ha quedado transformado por el acontecimiento pascual, sino que lo ha sido todo el universo, todo el marco de la humanidad».

153 Joseph A. FITZMYER, S.J., *La masa de la humanidad*, 385: Lit., "los muchos", que significa "todos" (cf. 5,18;12,5; 1 Cor 10,17) el don gratuito: El favor benevolente de Dios que asegura la justificación todavía más espléndido: Para que la comparación con Adán no parezca una afrenta a Cristo, Pablo hace hincapié en la calidad sin par de la influencia de Cristo sobre la humanidad. El primer modo de expresar esa superabundancia es la manifestación del favor de Dios muy por encima de cualquier otra misericordia que el pecado pudiera haber suscitado. El *don (de Dios) (surgió) de muchos delitos (y termina) en absolución).*

así también la fidelidad de uno solo es *para todos los hombres* fuente de salvación y de vida. Y *como por la desobediencia de uno solo, todos fueron hechos pecadores, así también por la obediencia de uno solo, todos alcanzarán la salvación*» (Rm 5,18-19).[154] Y para acabar de reafirmar la idea, concluye: «Nuestra antigua condición pecadora quedó clavada en la cruz de Cristo» (Rm 6,6).[155] A nuestro modo de ver, este texto aclara en qué consiste la Salvación: En Cristo. Y a quien alcanza: a todos.

---

154 Joseph A. FITZMYER, S. J. *Nuevo Comentario Bíblico San Jerónimo*, 386: «Un comentarista tan sagaz como Taylor ha observado: "Nadie puede ser hecho pecador ni hecho justo" (Rom 41). Y sin embargo eso es lo que Pablo dice, y no está hablando de actos pecaminosos personales. El vb. *katestathesan* no significa "fueron considerados" (pecadores) sino "fueron hechos", "se les hizo ser" [...]. La desobediencia de Adán puso a la masa de la humanidad en una situación de alejamiento de Dios; el texto no da a entender que los seres humanos se volvieron pecadores simplemente por imitar la transgresión de Adán; más bien se vieron afectados por éste. *la masa será hecha justa*: En otros lugares, el proceso de justificación parece que se considera como algo pasado (5,1); en este caso, el tiempo futuro se refiere al juicio escatológico, momento en el cual se alcanzará con gloria la fase final de este proceso. "Los muchos serán constituidos justos en virtud de la obediencia de Cristo en el sentido de que, puesto que Dios se ha identificado en Cristo con los pecadores y ha cargado sobre sí la carga del pecado de éstos, ellos recibirán como don gratuito de Él esa condición de rectitud que solo la obediencia perfecta de Cristo mereció.

155 Ibíd., 183: «El argumento de Pablo es este: "Si Dios ha llevado el amor que nos tiene, a pesar de que somos sus enemigos, hasta entregar a su Hijo a la muerte, ¿qué es lo que hemos de esperar de su bondad ahora que somos sus amigos? ¡Dios llegó hasta lo inimaginable! Por eso la vida cristiana se despliega en un clima de gozo y esperanza».

d) ¿Quién acusará? ¿Quién condenará?

El mensaje queda apuntalado en la conclusión de la carta: «¿Quién acusará a los elegidos de Dios, si Dios es el que salva? ¿Quién será el que condene si Cristo Jesús ha muerto, más aún, ha resucitado y está a la derecha de Dios intercediendo por nosotros?» (Rm 8,34). Pablo mismo contesta: *será Dios quien nos libere*. Y responde no solo al *quién* sino al *por qué* lo hará: «Dios *que nos ama* hará que salgamos victoriosos de todas estas pruebas. Y estoy seguro de que ni muerte, ni vida, ni ángeles, ni otras fuerzas sobrenaturales, ni lo presente, ni lo futuro, ni poderes de cualquier clase, ni lo de arriba, ni lo de abajo, ni cualquier otra criatura podrá separarnos del amor de Dios manifestado en Cristo Jesús, Señor nuestro» (Rm.8,37-39).

«Nos encontramos —escribe Brunot—[156] en la mitad del santuario de la carta a los romanos. Es preciso que nos paremos un poco y nos rodeemos de silencio para comprender hasta qué punto resultan estériles muchas de las cuestiones que angustian a tantos sacerdotes y a tantos fieles. ¿Qué es entonces un cristiano? ¿Qué diferencia hay entre un creyente y uno que no cree? ¿Para qué sirve creer? ¿Qué es lo que nos da de más la fe? De hecho, semejantes cuestiones revelan una falta de experiencia de la realidad cristiana: la vida en Dios por el Espíritu de Cristo en el despliegue de las tres virtudes teologales. Una meditación atenta de este capítulo 8 nos revelará la novedad absoluta del universo cristiano».[157]

A nuestro entender, Pablo en esta carta deja sentadas las claves de la teología cristiana: la salvación irrevocable y

---

156 Amédée BRUNOT, *Los escritos de Pablo*, 194.
157 Íbíd, 194-195.

universal por Cristo. Sostiene que todo lo que nos sucede individual y colectivamente es designio divino.[158] En la misma línea, pero todavía con mayor énfasis, en Romanos 9,14 añade: «Dios mismo dijo a Moisés: Tendré misericordia de quien quiera y me apiadaré de quien me plazca. No es, pues, cosa del que quiere o del que se afana sino de Dios que es misericordioso».[159]

De esta manera manifiesta (Dios) las riquezas de su gloria en los que hizo objeto de su amor y de antemano preparó para su gloria, explica Pablo. Entre ellos estamos nosotros, a quienes ha llamado no solo entre los judíos, sino también entre los paganos. Así, dice citando a Oseas: «Al que no es mi pueblo lo llamaré "Pueblo mío", y "Amada mía" a la que no es mi amada» (Rom 9,25-26). Esta última es una cita que, a nuestro juicio, refiere también claramente la universalidad de la salvación. En quien San Pablo dice que hay que creer es «en el Dios que salva a los impíos».[160]

---

158 Ibid., 195: «La salvación de la que habla Pablo en estas páginas es infinitamente más que la liberación de la ley, del pecado y de la muerte. Es el descubrimiento asombroso de que Dios nos ama hasta el punto de que nos introduce en su intimidad».

159 Otto Kuss, *La carta a los Romanos*, 61-62: «Tratándose de una gracia decisiva, el hombre no puede nada con sus propias fuerzas; de ahí que no pudiera salir por sí solo del cieno. Para liberarlo de la servidumbre del pecado y de la muerte tuvo que intervenir Dios. Dios es el autor de la obra salvífica y él es en exclusiva su objetivo. Toda salvación auténtica deriva de Dios a través de Jesucristo.

160 «Si Abrahán hubiera alcanzado la salvación por sus obras, tendría razón para presumir; pero no sucedió así ante Dios. Pues ya lo dice la Escritura: Creyó Abrahán a Dios y ello le fue tenido en cuente para alcanzar la salvación [...] al que no se apoya en sus obras, es decir, al que ha puesto su fe en un Dios que salva al impío, esa fe le será tenida en cuenta para alcanzar la salvación» (Rm 4,1-5).

El apóstol abunda en su idea de salvación de todos los hombres con esta arrolladora pregunta: «¿Quién condenará a los elegidos de Dios si Dios es el que salva? ¿Quién será el que condene, si Cristo Jesús ha muerto, más aún, ha resucitado y está a la derecha de Dios intercediendo por nosotros?» (Rm 8,33-34). «*Si Dios está con nosotros, ¿quién estará contra nosotros?* El que no perdonó a su propio Hijo, antes bien lo entregó a la muerte por todos nosotros, ¿cómo no va a darnos *gratuitamente* todas las demás cosas juntamente con él?» (Rm 8,31-32).

Así pues, con Pablo defendemos también que no hay nada que pueda impedir que se cumpla el designio que Dios tiene desde toda la eternidad: la salvación del género humano. Porque «*Dios, que nos ama, hará que salgamos victoriosos de todas estas pruebas.* Y estoy seguro de que ni muerte, ni vida, ni ángeles, ni otras fuerzas sobrenaturales, ni lo presente, ni lo futuro, ni poderes de cualquier clase, ni lo de arriba ni lo de abajo, ni cualquier otra criatura podrá separarnos del amor de Dios manifestado en Cristo Jesús, Señor nuestro», escribe.[161]

En resumen, entendemos que *Cristo destruye los males no a los «malvados»*. Que ha venido al mundo para eso: para salvar a los hombres de los males que nos afligen. Nos podemos apoyar también en la primera carta a los Corintios en el punto en el que Pablo anuncia: «El último enemigo a destruir será *la muerte*» (1Cor 15,25). No hace referencia a los hombres que son enemigos del Bien y por

---

161 Amédée BRUNOT, *Los escritos de san Pablo,* 198-199: «En su origen, a lo largo de todo su desarrollo y al término de la historia de la humanidad, está el amor de Dios».

tanto de Dios, sino *a los enemigos del hombre*, que son todos los males que le apartan de Dios.

El apóstol abunda en la misma idea en otra de sus epístolas: «Dios no nos ha destinado al castigo, sino a obtener la salvación por medio de nuestro Señor, Jesús el mesías; él murió por nosotros para que, *despiertos o dormidos*, (el día de su venida) vivamos con él» (1 Tes 5, 9, 10). En esta frase ve Amédée Brunot «uno de esos prodigiosos resúmenes del primer teólogo de Cristo». «Todo está aquí», concluye.[162]

Nos preguntamos cómo reaccionaría hoy Pablo si cuando engarzó todas esas fuerzas para proclamar, sin que quedara el más mínimo resquicio para la duda, que *nada* podrá separarnos del amor de Dios, alguien le hubiera dicho que sería la ¡«libertad humana»! Quizá repetiría las palabras que escribió en la misma carta a los Romanos: «Si las primicias están consagradas a Dios, lo está toda la masa. A pesar de nuestras infidelidades: Dios ha permitido que todos seamos rebeldes para tener misericordia de todos» (Rm 11,31).

---

162 Ibíd., 39.

4.2.3. *Ideas complementarias (Gálatas y Efesios)*

La carta a los Gálastas es «la más ardiente de todas; también la más conmovedora... y a veces la más oscura (Osty). Lutero la llamará "la novia de su alma"», escribe Amédée Brunot.[163] Para este trabajo, también es importante porque aporta luz sobre un aspecto esencial en nuestra argumentación: qué es la libertad del hombre. También nos apoyamos en ella por el gran énfasis que pone el apóstol en la gratuidad de la salvación (a cambio de nada) en la que tanto insistimos y que tanto tiene que ver con la universalidad, porque si no depende del hombre sino de Dios, tenemos que concluir que Él no ha excluido a nadie. Pablo defiende con pasión la salvación gratuita, *solo* por Cristo, y combate con indignación a quienes, como los gálatas, pretenden añadir algún requisito a la muerte redentora de Cristo.

«Pero qué es lo que ha ocurrido? ¿Quién os ha embrujado? Volvemos a encontrarnos también aquí con los adversarios encarnizados de san Pablo, con aquellos judeo-cristianos que se permitían inspeccionar las comunidades del mundo pagano, suscitadas por el apóstol, e imponerles, sin duda en nombre de Cristo, las principales prescripciones de la ley judía: la circuncisión, el sábado, las prohibiciones alimenticias. No habían comprendido nunca la novedad radical que traía el cristianismo [...]. Era el triunfo del moralismo», escribe Brunot.[164]

«Es fácil adivinar la explosión de cólera de Pablo», añade el exegeta, en su comentario a la carta a los Gálatas. «Para él, la fe en Cristo se presentaba como una

---

163 Ibíd., 142.
164 Ibíd., 141.

visión nueva sobre todas las cosas y como una nueva vida que introducía en un mundo de relaciones absolutamente inauditas con las divinas personas. ¿Sí o no? ¿Era el evangelio simplemente una ampliación de la ley o el manifiesto de la libertad espiritual? ¿Ley o fe?».[165]

La ley no salva, dice el apóstol. *No se puede colocar al lado de Cristo ningún elemento competidor.* El acontecimiento decisivo y definitivo en la salvación es *únicamente* Cristo. En este trabajo, entendemos que la posición de los gálatas a los que Pablo rectifica es prácticamente calcada a la de los cristianos que hoy mantienen que la salvación se produce por Cristo, pero *además* por la observancia de unas normas morales y por el bautismo. Por lo que deducimos que sirve perfectamente la respuesta del apóstol: el acontecimiento decisivo y definitivo en la salvación es *únicamente* Cristo.[166] Pablo es particularmente rotundo en esta carta en lo referente a este punto. Dice: «Si la salvación se alcanza por la ley —que proponemos identificar con las obras, o el cumplimiento de normas morales—, Cristo habría muerto en vano» (Gal 2,21).

Sobre la idea de libertad, que forma parte de la columna vertebral de nuestra argumentación, también encontramos un apoyo en San Pablo: coincidimos con su concepto de que

---

165 Ibíd., 141-142.
166 Ibíd., 143: Por ley, Pablo entiende la ley mosaica; es en su observancia escrupulosa donde los judíos ponen su salvación y donde los gálatas buscan un complemento necesario. Pero el genio de Pablo eleva el debate hasta el nivel más alto del conflicto entre la fe y cualquier otra ley religiosa como régimen de salvación; establece entonces una oposición radical entre cualquier prescripción exterior y la fe en Jesucristo, ya que las juzga de suyo incompatibles entre sí. Por eso, en esta carta Pablo no deja de interpelar a la iglesia y a cada uno de nosotros».

la libertad consiste no en la posibilidad de pecar sino en desencadenarse del pecado.

«Jesucristo y San Pablo se preocupan más por los aspectos interiores y personales de la libertad, es decir por esas potencias del mal y de la muerte que atenazan al hombre, por esos impulsos y esas pasiones que paralizan o ahogan sus opciones y lo inclinan al pecado», explica Brunot.[167] «Más que ningún otro, san Pablo, experto en humanidad, ha realizado la experiencia y ha hecho el análisis del hombre alienado en este mundo en el que reinan el pecado y la muerte. ¿Quién liberará entonces al hombre cargado de cadenas? ¿En dónde estará para él la salvación, esa salvación que asegure al hombre su realización plena? ¿Estará la salvación en la observancia estricta de la ley o más bien en la fe como acogida de Dios?», añade el exegeta. «Es la parábola del fariseo y el publicano»,[168] concluye, y encuentra la respuesta en la enseñanza del propio Jesús.

Esta fe,[169] que actúa por medio del amor (Gal 5,6) es, según Pablo, la que nos convierte en hombres libres, porque no dependemos del cumplimiento de la Ley para salvarnos. «Hay una frase del apóstol que compendia todo el contenido de la carta: "*Para que seamos libres nos liberó el mesías*"».[170] Es exactamente, el sentido que en este trabajo damos a la idea de libertad, y que constituye un elemento imprescindible en el armazón de nuestra tesis. En esta frase de Pablo, la vemos claramente

---

167 Ibíd., 142.
168 Ibíd., 143.
169 Entendemos por fe la confianza en un Dios que nos salva aunque no lo merezcamos, que salva a los impíos, según la expresión de San Pablo.
170 Amedée BRUNOT, *Los escritos de San Pablo*, 142-143.

sustentada. No podemos darle dos significados tan diferentes a una palabra, y menos a una palabra tan esencial como libertad: la palabra que desvela nuestro destino: «Para que seamos libres nos ha liberado Cristo».

Por último, queremos completar nuestra búsqueda de apoyo en Pablo con la carta a los Efesios. Vemos en el siguiente párrafo un resumen muy claro de lo que consideramos esencial y exclusivo de la teología cristiana.[171] Es el resumen del proyecto de Dios de salvar al hombre. Algo que sostenemos —y creemos que con el apoyo de San Pablo— está llevando a cabo Dios desde la resurrección de Cristo, a través del Espíritu Santo, en la Iglesia. Es Dios quien está salvando a los seres humanos. Quien nos está salvando. Veamos la claridad con la que lo explica San Pablo:

«Bendito sea Dios, Padre de nuestro Señor Jesucristo, que nos ha bendecido en la persona de Cristo con toda clase de bienes espirituales y celestiales. Él nos eligió en la persona de Cristo, antes de crear el mundo, para que fuésemos santos e irreprochables ante él por el amor. Él nos ha destinado en la persona de Cristo, por pura iniciativa suya, a ser sus hijos, para que la gloria de su gracia, que tan generosamente nos ha concedido en su querido Hijo, redunde en alabanza suya. Por este Hijo,

---

171 Ibíd., 296: «En el himno se va desplegando en 6 etapas el proyecto divino de salvación: elección, adopción, redención, revelación, vocación primero de los judíos y finalmente de los paganos. Estas etapas se desarrollan bajo el signo de las tres divinas personas. La única frase conoce tres saltos distintos que corresponden a las tres etapas de nuestra vocación cristiana: la voluntad eterna del Dios-amor (1,3-6), la riqueza del Hijo unigénito que se ha encarnado (1,7-10), el sello del Espíritu Santo (1,13-14)».

por su sangre, hemos recibido la redención, el perdón de los pecados. El tesoro de su gracia, sabiduría y prudencia ha sido un derroche para con nosotros, dándonos a conocer el misterio de su voluntad. Éste es el plan que había proyectado realizar por Cristo cuando llegase el momento culminante: recapitular en Cristo todas las cosas del cielo y de la tierra» (Ef 1,1-10).

«¡Qué soplo de vida mística y qué profundidad de contemplación en esta primera página del documento paulino!», exclama Amédée Brunot.[172] El exegeta ve en la exposición de San Pablo el misterio de la iglesia. «Pablo —escribe— contempla a la iglesia en el corazón de la Trinidad. [...] Ve en la iglesia el lugar donde se lleva a cabo el designio eterno de la trinidad. Y citando a otro autor[173] añade: «La Trinidad y la iglesia es verdaderamente Dios que viene de Dios y que vuelve a Dios trayendo consigo, en sí misma, a su criatura humana». A este respecto, recuerda que en el Credo, el misterio de la iglesia se articula después de la profesión de la fe en la Trinidad, de donde se parte después a la afirmación de la comunión de los santos y de la vida eterna que allí se inaugura. San Pablo —afirma el exegeta— ve verdaderamente a la iglesia como la manifestación y la comunicación al mundo del misterio de las tres personas divinas: es la iglesia de la Trinidad, *la epifanía de la Trinidad*, el misterio de un viviente "en crecimiento de Dios" (4,16; cf. Col 2,19). La iglesia tiene por misión realizar el proyecto de Dios: "Hagamos al hombre a nuestra imagen y semejanza" (Gn 1,26)», concluye.[174]

---

172 *Los escritos paulinos*, 296.
173 El padre Congar.
174 Amedée BRUNOT, *Los escritos de San Pablo*, 296-297.

Capítulo 5

LA TRADICIÓN:

PADRES DE LA IGLESIA Y MAGISTERIO

5.1. SAN AGUSTÍN: TRATADOS SOBRE LA GRACIA

Si San Pablo, el gran *apóstol de las gentes*, dice que nos salvamos exclusivamente por la fe en Cristo; San Agustín, añade que la fe es absolutamente, de principio a fin, fruto de la gracia,[175] es decir: un don totalmente inmerecido, gratuito, que Dios concede puramente, por amor,[176] a quien quiere.[177]

¿Se puede rechazar la gracia?: «Dios que te creó sin ti no te salvará sin ti».,, escribió San Agustín. En este trabajo, defendemos que mediante esta frase el santo no debía estar refiriéndose a la necesidad de los méritos del

---

175 SAN AGUSTÍN, *Tratados sobre la gracia (De la predestinación de los santos)*, 501: «Por eso el mismo Jesucristo, único Maestro y Señor de todos, después de haber dicho lo que antes recordé: "La obra agradable a Dios es que creáis en aquel que El ha enviado", añadió en el mismo discurso: [...] "Todos los que me da el Padre vendrán a mí". ¿Qué quiere decir vendrán a mí sino creerán en mí? Mas el que esto se efectúe es el Padre quien lo concede. Y así dice poco más adelante: "No andéis murmurando entre vosotros: nadie puede venir a mí si el Padre, que me envió no le trajere"».

176 SAN AGUSTÍN, *Tratados sobre la gracia*, 241: «Queda probado que la gracia de Dios no se nos confiere según nuestros méritos. Es más: a veces hemos visto y diariamente lo vemos que la gracia de Dios se nos da no solo sin ningún mérito bueno, sino con muchos méritos malos por delante».

177 SAN AGUSTÍN, *Tratados sobre la Gracia*, 72: «Principio agustiniano es que la gracia se anticipa a todo mérito humano. El espíritu sopla donde le place, no siguiendo los méritos sino creándolos».

hombre para cooperar en su salvación, tal como se ha solido interpretar aludiendo al escrupuloso respeto de Dios por la libertad humana.

Entendemos que el doctor de la gracia, que combatió el argumento del libre albedrío al que recurrían los pelagianos para defender la necesidad de las buenas obras para la salvación, no debe estar atribuyendo a la libertad del hombre el riesgo de no ser salvado por Dios. Nuestra interpretación de la frase es como sigue: Dios nos creó de la nada, cuando no existíamos, para divinizarnos. No podía pedir permiso a quien *no era*. A quien no tenía el don de ser. En cambio, cuando nos va creando a su imagen nos hace seres que se convierten para Él en un Tú, en un ser cada vez más semejante a Él, con quien quiere contar. Con quien quiere dialogar en libertad. Quiere nuestro sí. El *sí* que le podremos dar cuando seamos plenamente libres de nuestras pasiones. A nuestro juicio, no cabe contemplar la posibilidad de un no a Dios.

San Agustín niega que el hombre pueda rechazar la gracia. Porque aclara que una de las cualidades de la gracia es precisamente hacernos receptivos.[178] ¿Pero podría esa gracia resultar baldía porque el hombre no la transforme en buenas obras? Según San Agustín, la gracia siempre empieza abriendo el corazón del hombre para ser acogida por él, lo transforma y lo inclina y arrastra a las buenas obras. Es siempre eficaz.[179]

---

178 Ibíd., 261: «Si la fe solo afectase a la libre voluntad y don de Dios no fuera ¿a qué rogar por los que no quieren creer a fin de que crean? En vano haríamos esto si no creyésemos, y con mucha razón, que Dios omnipotente puede volver a la fe aun las más perversas y contrarias voluntades».
179 Ibíd., 247: «Nuestras obras de justicia provienen de aquel mismo de quien proviene la fe», 245 [...] Dios es el que obra en nosotros

De esta enseñanza del doctor de la gracia podemos deducir que la ausencia de fe de algunas personas se debe a que Dios no les ha concedido el don. ¿Pero por qué, si se concede sin mérito previo? Él mismo confiesa no entenderlo: «Los designios del Señor son inescrutables», exclama repetidamente ante lo que reconoce como un misterio.[180] Veamos.

A la primera afirmación de que la fe es pura gracia inmerecida, San Agustín, añade otra que otorga a Dios el protagonismo único y exclusivo y reafirma al hombre como receptor: proclama que la aceptación de esa fe es, asimismo, un don de Dios. Por último, el santo dice que también es pura gracia —gratuita e inmerecida, concedida por la plena libertad de Dios— la perseverancia y la permanencia en la fe de quien ha sido receptor del don.

Entendemos que la conexión de los mensajes de San Pablo y San Agustín nos conduce a la conclusión que defendemos en esta tesis: que la salvación acabará abrazando al final de la historia a todos los hombres sin excepción.

---

el querer y el obrar, 251[...] Y lo argumenta así: «Si la vida eterna se da a las buenas obras, como con toda claridad lo dice la Escritura: "Porque Dios dará a cada uno según sus obras", ¿cómo puede ser gracia la vida eterna, si la gracia no se da por obras, sino gratis, de acuerdo con el Apóstol [...] Este problema a mi parecer solo puede resolverse entendiendo que nuestras buenas obras, a las que se da la vida eterna, pertenecen también a la gracia de Dios, toda vez que nuestro Señor Jesucristo dice: "Sin mi nada podéis"».

180 Ibíd., 507: «Mas ¿por qué salva a uno con preferencia a otro? ¡Inescrutables son los juicios de Dios e ininvestigables sus caminos! Mejor nos será escuchar y decir aquí la palabra del Apóstol: "¡Oh hombre!, ¿quién eres tú para reconvenir a Dios?"».

De otro modo, si algún ser humano pudiera condenarse, sería por falta de fe, en aplicación de la doctrina de San Pablo. Y si careciera de fe sería porque Dios no se la había dado, atendiendo a la afirmación de San Agustín.

Como ya hemos dicho, San Agustín confiesa insistentemente no comprender ese misterio «inescrutable». Pero ello no le impide reafirmar una y otra vez —con distintas fórmulas en los diferentes tratados, pero siempre con gran rotundidad— su convencimiento en las características de la gracia: gratuidad y eficacia. Entendemos que su rotundidad responde a la certeza que le da haberla experimentado en sí mismo. Suponemos que su teología, como la de San Pablo, brota directamente de la experiencia mística vivida, que llevó a ambos a la conversión. De ahí, el convencimiento y la pasión que ponen los dos en defender que la gracia que se deriva de la muerte y resurrección de Cristo no necesita colaboración de la voluntad humana para operar la salvación universal.

Porque, ¿qué hubiera sido de él si Dios hubiera establecido el momento de su muerte antes de su conversión?, se pregunta, por ejemplo, San Agustín. O, ¿qué hubiera pasado con San Pablo?[181] se plantea en su libro *De la gracia y el libre albedrío*, de no haber recibido

---

181 Ibíd., 241: «Volvamos, pues, a Pablo el apóstol, que encontramos sin mérito alguno bueno y sí con muchos méritos malos. Pero, conseguido que hubo la gracia de Dios, veamos qué dice escribiendo a Timoteo cuando ya se le acercaba su pasión: [...] "he combatido el buen combate, he terminado mi carrera, he guardado la Fe". Ahora ciertamente recuerda sus méritos buenos, para tras ellos lograr la corona quien tras los méritos malos logró la gracia. Por fin reparad en lo que sigue [...]¿A quién dará la corona el justo Juez si no hubiese antes dado la gracia como padre misericordioso?».

la luz de Dios para su conversión cuando era «perseguidor de los cristianos». También confiesa no entender el destino de quienes él llama «párvulos», es decir, de los niños que mueren antes de haber sido bautizados, y que parece dar por supuesto que no pueden ser salvados.

El autor cristiano, que ha sido declarado por la Iglesia doctor de la gracia porque meditó profundamente y predicó sobre ella para combatir a la secta de los pelagianos, dice que la gracia actúa de una forma tal que *transforma necesaria y eficazmente el corazón humano*. ¿Y las obras? De ese corazón transformado, surgen natural y necesariamente las buenas obras.[182]

¿Puede un ser humano rechazar la gracia que garantiza nuestras buenas obras? Es lo que sostenían los pelagianos para defender su doctrina, según la cual es necesaria alguna intervención del ser humano para la salvación. San Agustín responde a esa cuestión lo siguiente: «Esta gracia, pues, que ocultamente se comunica a los corazones humanos por la divina generosidad no es rechazada por ningún corazón duro pues *para eso se da precisamente para que ante todo se quite la dureza de corazón* [...]. Si el Señor no pudiera librarnos de la dureza del corazón, no diría por el profeta: "Aunque vuestros pecados fueran como la grana quedarían como la nieve". Y: "Fue blanqueada cuanto nada merecía". O: "Quitaré de su cuerpo su corazón de piedra y les daré un corazón de carne"».[183]

---

182 SAN AGUSTÍN, *Tratados sobre la gracia*, 245: «Nuestras obras de justicia provienen de aquel mismo de quien proviene la fe».
183 Ibíd., *(De la gracia y el libre albedrío)*, 261.

Por tanto, «toda acción buena y justa en el sentido sobrenatural —escribe San Agustín— se halla sometida al influjo de la gracia en sus tres momentos: antes de operar, en el curso de la operación y en el término de la misma». El primer momento, que llama de la gracia «preveniente», hace que el corazón humano se abra a ella, la acoja y quede inclinado al Bien, al gusto por el Bien.[184] El segundo momento es el que llama «excitante u operante» y «cooperante», que garantiza que la inclinación al Bien se traduce en buenas obras en las que además la gracia coopera. Por último, se podría objetar que tal vez un corazón tocado por la gracia puede cansarse y desfallecer. San Agustín lo niega también y habla del don de la «perseverancia», que garantiza nuestra permanencia en el Bien hasta el final.

5.1.1. *La predestinación de los santos*

De todo lo anterior, surge una pregunta: ¿por qué hay personas que obran el mal? «Ininvestigable es su misericordia por la cual del que quiere se compadece, sin ningunos méritos antecedentes del mismo; e ininvestigable es su verdad (fidelidad) por la cual a quien Él bien le parece endurécele el corazón, precediendo desde luego sus méritos malos, pero que a las veces son iguales a los de aquel de quien tiene misericordia [...] ¿Acaso cabe injusticia en Dios? De ningún modo, pero no intentamos investigar lo ininvestigable, ni escrutar lo inescrutable, ni comprender lo incomprensible».[185] San

---

184 Ibíd., 62: «No a la fuerza [..] la misma suavidad te arrastra». El doctor de la gracia admite el principio de «un divino deleite con que se dinamiza sobrenaturalmente la voluntad humana tan apegada a los sentidos».

185 SAN AGUSTÍN, *Tratados sobre la gracia. Del don de la perseverancia.* 601.

Agustín deduce una predestinación: la predestinación de los santos.

Rebate en el libro que lleva ese título el argumento de que el hombre contribuye a su salvación o a su condenación porque es libre,[186] como sostenían los pelagianos. La tesis de la obra es la salvación por designio divino, por pura gracia, porque los salvados estaban predestinados por Dios a la salvación. Mediante este escrito responde a los argumentos pelagianos que decían que eso suponía una falta de libertad humana. ¿Es que Jesús no estaba predestinado por Dios para salvar a los hombres? ¿Y alguien puede decir que no era libre Jesús? ¿Y la Virgen, concebida sin pecado original, no era libre? argumenta San Agustín. «¿Acaso se pudo temer que aquel hombre, por el uso de su libre albedrío, llegara a pecar con el transcurso del tiempo? ¿Acaso carecía de libre voluntad o no era ésta en Él tanto más libre cuanto más imposible era que estuviese sujeta al pecado», escribe sobre Jesús. Así, pues, el concepto de libertad que defendemos en este trabajo coincide plenamente con el de San Agustín.[187]

Nuestra tesis es que Dios requerirá nuestro sí, como sostuvo San Agustín. Pero, antes, nos dará la gracia que nos liberará de nuestras fragilidades y pasiones, de nuestro pecado. Y una vez libres, *todos* los seres humanos, antes o después, le daremos el sí que obrará la unión de cada hombre con Dios. Es así como la frase de San Agustín «Dios que te creó sin ti no te salvará sin ti»

---

186 Ibíd., 51: «El libre albedrío no se anula con la gracia sino que se garantiza, porque la gracia nos hace amar libremente la justicia , la gracia produce una inclinación gustosa al bien».
187 Ibíd., 58: «Los pecados son las cadenas del espíritu y la primera liberación consiste en romperlas».

entendemos que ha de ser interpretada. Él mismo lo argumenta de este modo en otra de sus obras, en la que dice que Dios «da lo que manda».[188]

5.1.2. *El hombre en el alba de su existencia*

En el capítulo dedicado a la síntesis doctrinal de los *Tratados sobre la gracia* que estamos comentando, se nos explica que el relato del Génesis 3 presenta al hombre «en el alba de su existencia» y que el «descubrimiento de la desnudez, [es un] síntoma de una nueva situación psicológica y moral»,[189] afirmación con la que defendemos que también encaja nuestra hipótesis interpretativa.

Otra de las creencias pelagianas que San Agustín refuta es que los hombres vivieron en una etapa inicial en contacto con la naturaleza y en estado de bondad, que no necesitaría la redención de Cristo. Entendemos la lógica de esa interpretación que hicieron los pelagianos si hubiera habido en algún tiempo un hombre plenamente feliz y totalmente bueno viviendo en un Paraíso en el que no existiera el Mal. A ese hombre no le haría falta un redentor que le redimiera de un mal inexistente.[190] En cambio, si interpretamos que el hombre no vivía en un Paraíso sino en la tierra, y como un animal, sujeto al mal aunque aún no lo hubiera identificado como tal, se entiende la necesidad de redentor ya en los orígenes, tal como apunta San Agustín, cuando rebate esa creencia pelagiana y sostiene que Cristo ha redimido a todos los

---

188 Ibíd., 265.

189 Ibíd., 4.

190 Jesús SOLANO, *Del Verbo encarnado* (Tratado I): Solano cita a varios teólogos, entre ellos Molina y Galtier, que sostienen que Cristo se hubiera encarnado aunque Adán no hubiera pecado.

hombres de todos los tiempos, desde el inicio.

El santo padre de la Iglesia establece tres etapas en la historia del hombre, siguiendo la tesis de San Pablo. En la primera, el bien y el mal ya existían y el hombre era capaz de reconocerlos, pero no estaban codificados hasta que apareció la ley de Moisés. Pero de ésta, que corresponde a la segunda etapa, dice: «solo proporciona el conocimiento del pecado, no la curación». Es en la tercera etapa cuando aparece la gracia, la cual no solo clasifica los comportamientos humanos en buenos y malos para que los distingamos las personas sino que nos impulsa a obrar el bien. Es la etapa final, la que comienza con la resurrección de Cristo y en la que vivimos.

Así, pues, San Agustín presenta a Cristo como alguien que no es solo maestro o guía de ese hombre que, tras el descubrimiento del Bien y del Mal, era incapaz de obrar siempre el Bien, aunque lo hubiera reconocido ya como tal. Cristo no es solo un guía que nos instruye, sino el redentor. Es decir, no solo enseña al hombre cómo actuar (o lo que es lo mismo cómo identificar sin error el Bien y el Mal) sino que es, observa San Agustín, «ayuda sobrenatural».[191] Coincidimos con él al relacionar esa ayuda sobrenatural y eficaz con el cambio del corazón profetizado por Ezequiel.[192]

---

191 Ibíd., 613: «Es Dios el que hace en nosotros el querer y el obrar, según su buena voluntad. Por consiguiente, nosotros queremos, pero es Dios el que obra en nosotros el querer; nosotros obramos, pero es Dios quien hace que obremos según su buena voluntad. Esto es lo piadoso, esto es lo verdadero, para que nuestra confesión sea humilde y sumisa y se reconozca que todo viene de Dios».

192 Ibíd., 501: «No hay corazón por duro que sea que la rechace. Pues la gracia destruye el corazón lapídeo».

¿Adónde queremos llegar con esto? A una de las grandes tesis que San Agustín, en sintonía con la teología paulina, se esfuerza en transmitir en cada uno de sus tratados sobre la gracia: llega un momento culminante en que el hombre no puede resistirse a la transformación que Dios obra en su corazón, porque la gracia ha actuado en él (como habrá actuado en el corazón de la humanidad completa en la Parusía). Es imposible rechazarla porque uno de sus efectos es precisamente ablandar el corazón endurecido que se le resiste.[193]

El gran teólogo cristiano y Padre de la Iglesia recurrió al Padrenuestro para argumentar la imposibilidad de rechazar la gracia: «Se me replicará: "Es por propia voluntad por lo que el hombre se aparta de Dios, y así merece que Dios le abandone". ¿Y quién va a negar esto? Mas, precisamente pedimos que no nos deje caer en la tentación para que eso no suceda, y si somos oídos, ciertamente no sucede, porque Dios no permite que suceda, ya que nada se hace sino lo que Él hace o permite que se haga. Suficientemente poderoso es Dios para doblegar las voluntades del mal al bien y a las inclinadas al mal convertirlas y dirigirlas por caminos de su agrado, por lo que no en balde se dice ¡Oh Dios! tú que conviertes, vivifícanos; ...No nos dejes caer en la tentación, ciertamente no se le deja caer en la tentación de su mala voluntad, y si no se le deja caer en esta, en

---

193 *Nuevo comentario bíblico San Jerónimo*: «Pablo llama soter a Jesús, alguien a quien todavía hay que "esperar", porque, aunque Pablo ve este efecto del acontecimiento de Cristo ya realizado, cae en la cuenta de que su resultado final es algo todavía perteneciente al futuro, con un aspecto escatológico (cf. 1 Tes 2,16<, 5,8-9; 1 Cor 3,15; 5,5; Rom 5,9-10; 8,24: "hemos sido salvados en esperanza" 10,9-10.13)».

ninguna se le deja caer».[194]

San Agustín afirma que la gracia obtenida gratuitamente da necesariamente como frutos las buenas obras, porque la gracia ha inclinado el gusto del hombre por el bien. Así lo explica : «[...] Si la vida eterna se da a las buenas obras como con toda claridad dice la Escritura, [...] ¿cómo puede ser gracia la vida eterna si la gracia no se da por obras, sino gratis? [...] ¿Cómo pues será la vida eterna si a las obras responde? [...] Este problema, a mi parecer, solo puede resolverse entendiendo que nuestras buenas obras, a las que se da la vida eterna, pertenecen también a la gracia de Dios, toda vez que nuestro Señor Jesucristo dice "Sin mí nada podéis"[195] [...]. No por las obras como tuyas y de tu procedencia, sino como obras en las que el Señor te plasmó, es decir, te formó y creó, porque esto es lo que dice: "Hechura somos suya, creados en Cristo Jesús para hacer buenas obras, *no con la creación que dio vida a los hombres, sino con aquella otra que ya supone al hombre*», escribe.

También en sintonía con San Pablo, se refiere a dos fuerzas contrapuestas en el hombre —el temor y el amor— para ver cuál de ellas conduce a Dios y cuál no. Apuesta claramente por el amor. Coincide con el apóstol de los gentiles, que nos advertía que si nos salváramos por el cumplimiento de la ley —es decir, por temor— nos volveríamos soberbios. «La ley lleva al servicio por temor», escribe San Agustín. En cambio, el amor, el saberse incondicionalmente perdonado y amado, y, por tanto, salvado, «lleva al bien suavemente, como efecto

194 SAN AGUSTÍN, *Tratados sobre la gracia. Del don de la perseverancia*, 581.
195 Ibíd., 247.

suave y eficaz de quien se sabe hijo de Dios», explica.

«La justicia antigua era servil, como la justicia evangélica es libre y suave, con la libertad que nos ha ganado Cristo. El temor es un resorte dinámico muy inferior al amor y deja al hombre intacto, sin cambiarle en su intimidad. El amor celestial o la gracia deleitante transforma y eleva el nivel de la vida humana, injertándole un impulso superior, una gravitación al bien, que se hace su nuevo centro de aspiraciones. El temor no suprime sino oprime y escacha los malos deseos. Tu codicia mala no la quita el amor, sino la cohíbe el temor. Viene por ejemplo un lobo al redil; pero oye los ladridos de los perros y las voces de los pastores y vuelve amedrentado. Él siempre es lobo. Cámbiesele, pues, en oveja. Eso hace el Señor, pero tal mudanza obra es de su justicia, no de la tuya, *he aquí la obra de la gracia: convertir a los lobos en ovejas.* Envió a la oveja inocente al matadero, y con su redención obró el cambio. Quien mandó al matadero la oveja inocente, nos hizo ovejas a los que éramos lobos».[196]

5.1.3. *La antropología: tres estados*

En la antropología de San Agustín el ser humano ha pasado por tres grandes estados: el de integridad, el de pecado, y el de redimido.[197] En *La ciudad de Dios* (De civ. Dei, XLV, 26) describe el estado de integridad, en el que sostiene que ha vivido el ser humano:

El hombre inocente «vivía [...] en el paraíso como quería mientras se sometía a la voluntad de Dios; vivía gozando de Dios, con cuyo bien era bueno; vivía sin

---

196 SAN AGUSTÍN, *Tratados sobre la gracia* (De la verdadera religión), Biblioteca de Autores Cristianos.
197 Ibíd: *(Elevación y caída)*, 74.

necesidad de cosa alguna, y así tenía en su potestad el poder vivir siempre. Abundaba la comida porque no tuviese hambre; la bebida, porque no tuviese sed. Tenía a mano el árbol de la vida, porque no le menoscabase la senectud; ni había género de corrupción en su cuerpo ni padecía molestia alguna. Ninguna enfermedad interna ni accidente externo era de temer, porque gozaban de perfecta salud en el cuerpo y de cumplida tranquilidad y paz en el alma; y así como en el paraíso no hacía frío ni calor, así para los que en él vivían no había objeto que por deseado o temido alterase su buena voluntad. No había cosa melancólica ni triste, nada vanamente alegre. El verdadero gozo se iba perpetuando con la asistencia de Dios, a quien amaban con ardiente caridad, con corazón puro, con conciencia buena y fe no fingida, y entre los casados se conservaba fielmente la sociedad indisoluble por medio del amor casto. Había una concorde vigilancia del alma y del cuerpo y una observancia exacta del divino precepto sin fatiga. No existía cansancio que molestase al ocio ni sueño que oprimiese contra la voluntad».[198]

A nuestro parecer, la descripción que acabamos de reproducir no explica ninguna realidad que haya vivido el hombre histórico sino más bien un Paraíso soñado y tal vez una sociedad futura, que será posible cuando Dios haya sometido todo bajo los pies de Cristo. En la misma línea interpretativa que hemos aplicado frente al texto de Gn 3 al interpretar que el fragmento bíblico describe el Paraíso vislumbrado y no alcanzado, entendemos que la descripción de San Agustín, inspirándose sin duda en el relato bíblico del Génesis, hace referencia a la ciudad perfecta, la nueva Jerusalén del Nuevo Testamento, que el hombre ansía y que por la redención podrá ser

---

198 Ibíd., 76.

construida. Pero *en el futuro*. Porque en el pasado entendemos que no ha existido ningún paraíso así. Ningún vestigio de la ciencia apunta a una realidad de esa índole. Esa descripción nos recuerda al texto del profeta Isaías (Is 11,6) que nos anuncia que el lobo y el cordero pacerán juntos.

En ese escenario supuestamente perfecto, introduce San Agustín un suceso que lo rompe, y escribe: «Sometido por Dios a una prueba fácil en el jardín de las delicias, faltó a la obediencia debida al Creador comiendo del fruto prohibido. Comienza, pues la historia trágica del hombre rebelde y caído». Con esta frase recrea el relato de Gn 3 y esa recreación nos despierta algunos interrogantes: ¿Cómo podía pecar ese hombre que acaba de describir sin fricción entre su espíritu y su concupiscencia?

«El hecho de ser como Dios, autónomos, felices e independientes, constituye la herida más profunda del hombre caído. La sugestión diabólica despertó este apetito en los primeros hombres», añade San Agustín en la misma obra. En este punto, nos llama la atención que este anhelo que aparece como enormemente condenable y causa de infelicidad y de muerte, el llamado pecado original, coincide con *el destino* del hombre por voluntad de Dios, puesto que nos quiere a «imagen y semejanza suya». Resulta *sospechosamente parecida la idea del pecado y el ideal de Dios.* Proponemos que puedan ser lo mismo, pero el primero en cuanto a ideal de futuro vislumbrado pero no alcanzado —de ahí la insatisfacción y la experiencia de pecado— y el segundo ya realizado por Cristo: «Veremos a Dios tal cual es». Aventuramos la hipótesis de que la aparente gran distancia entre el pecado y el premio final podría ser simplemente una

144

cuestión de *proceso.*

Lo anterior nos sugiere una nueva cuestión: ¿Subyacía el mal en las profundidades del alma humana? ¿Cómo es posible y cómo concilia eso con la afirmación de que Dios había hecho al hombre no ya «bueno», como el resto de su Creación, sino «muy bueno», para culminarla? A nuestro juicio, se puede explicar porque, en sintonía con la hipótesis que venimos manteniendo a lo largo de este trabajo, el hombre creado por Dios experimentaba dentro de sí el ansia de divinidad porque en su interior estaba inscrito su futuro. Su conocer se manifestaba como deseo. Deseo de ser bueno, perfecto, sabio, feliz. Proponemos que en la actualidad deberíamos formularlo no como «sugestión diabólica de los primeros hombres», sino como la situación de sufrimiento del alma humana, destinada a ver a Dios cara a cara, pero a la que le falta recorrer un largo camino antes de alcanzar esa meta: el camino de la historia. «El resultado fue como un eclipse de Dios en la conciencia y la emersión del yo, como una nueva potencia soberana y tiránica que todo lo absorbe». «El imperio de la Verdad era una voz que resonaba en la conciencia».[199] Vemos en esa explicación una definición de la conciencia. Según San Agustín, el pecado original es un pecado de orgullo, primero, porque el hombre quiso autodivinizarse; y de concupiscencia porque se volcaba en sus placeres.[200]

Sostiene que el hombre primero, Adán, pasó su pecado a su descendencia, por contagio universal.[201] La naturaleza seminal engendró hombres igual al primero, señala el santo, que reconoce que «el dogma del pecado

---

199 Ibíd., 78.
200 Ibíd., 80-81.
201 Ibíd., 83.

original, tan escandaloso para los racionalistas», lleva a dos muertes. La primera, la muerte física por la que todos los hombres desde Adán hemos de pasar. La segunda y definitiva sería, según el autor cristiano, la condenación para quienes no reciban la gracia gratuita de Dios. El mismo santo reconoce que no puede comprender este hecho, pero mantiene que los recién nacidos —párvulos— heredan el pecado de Adán —«del mismo modo que en el orden físico, un enfermo engendra una raza enferma, así los primeros padres, culpables y despojados de los más altos privilegios, han dado el ser a una descendencia enclenque», escribe— y se condenan para toda la eternidad, pese a no haber cometido ningún pecado ni tener ninguna culpa. Por pura herencia genética.

Ve una triple solidaridad: en el mal, en el bien y en la masa. Todos los hombres se supone que recibimos de Adán el castigo de la primera muerte porque en él, en Adán, fue radicalmente establecido el género humano: su pecado, aun siendo personal, mancilló a los que seminalmente proceden de él, como una enfermedad puede transmitirse de padres a hijos. Y solo una mujer se salvó de tan mala herencia: María. El resto de los hombres hemos nacido con esa culpa, por la primera de las tres solidaridades mencionadas: el mal.

«Todos los miembros del género humano están unidos a la cabeza, de quien proceden originariamente privados de los bienes de la gracia y en un estado de apartamiento de Dios, y forman también una masa *peccati*. En esta masa, por la infinidad de pecados personales, se agrava la solidaridad culpable, pues unos a otros los hombres se mancillan y ayudan al mal con una servidumbre cada vez más tiránica y una culpabilidad común capaz de continuo aumento [...] Pero intervino la clemencia y gracia del redentor que roció la masa viciada con su preciosa sangre y formó las nuevas criaturas flamantes de belleza celestial. Cristo es la cabeza y caudillo de la humanidad redenta y sus miembros están unidos a él con una solidaridad más eficaz que los irredentos con el viejo Adán. Ésta es la fe, ésta es la verdad, éste el fundamento de la fe cristiana [...] En la causa, pues de estos dos hombres se cifra toda la fe cristiana», concluye.[202]

Por último, el doctor de la gracia explica la existencia del mal (y el pecado) como consecuencia de la imperfección de la creación, por estar inacabada. Así, el santo Padre de la Iglesia escribe que el mal *no tiene ser sino que es* «*carencia de bien*», una idea acorde con un único Dios absolutamente bueno, creador de todo, que además todo lo ha hecho bueno. Y al hombre «muy bueno» (Gn 1,31).

EXCURSUS: SAN IRENEO Y VARIOS CONCILIOS

En este apartado nos proponemos seguir buscando puntos de encuentro con nuestra exégesis de Génesis 3. Para ello, acudimos a algunos textos de otro Padre de la Iglesia: San Ireneo de Lyon. Nacido en Asia Menor, hacia el 150, escribió que la Virgen «por su obediencia fue causa de salvación propia y de la de *todo el género humano*».[203] Resaltamos esta frase, para destacar que la salvación se refiere no a «los hombres» individualmente, sino al «género humano», con lo cual coincide con la tesis de este trabajo: la salvación es universal y acogerá a toda

202 Ibíd., *(De la gracia de Jesucristo y del pecado original)*, 306.
203 SAN IRENEO, *Contra los herejes*. Citado por *Concilio Ecuménico Vaticano II*, Madrid, BAC (quinta impresión) 2004, 104.

la humanidad.[204] A este respecto, no nos parece casual el añadido del adjetivo «todo», que a nuestro entender es utilizado aun a riesgo de resultar redundante (si habla de género humano, es evidente que ha de ser todo) precisamente para transmitir rotundidad en la explicación de que es *la humanidad en su conjunto* la que recibe la salvación de Dios.

De San Ireneo destacamos también su afirmación de que en la creación ya estaba la redención.[205] Encontramos la fórmula en su obra *Contra los herejes*, que escribió para combatir al gnosticismo, y que en su primera parte formula la esencia de la fe cristiana mediante un desarrollo de la Historia de la salvación de Adán a Cristo: Trinidad, creación, caída, encarnación y redención.[206]

«Por el Verbo —escribe— fue hecho todo; el mismo que al final de los tiempos, para rematar y congregar

---

204 Ramon Trevijano, *Patrologlía*, 82: «Es el teólogo de la unidad, yendo este tema desde la unidad de Dios, de Cristo y del plan divino, hasta la unidad de la Iglesia y la unidad final del hombre con Dios [...] lo vemos también como el teólogo de la historia, que bajo el término de economía divina, engloba toda la historia del mundo para mostrar que su desarrollo no tiene otro fin que la salvación del hombre».

205 Ibíd., 83: «Ireneo trata de mostrar que el A.T. predice a Cristo y que la historia salvífica, comenzada en la creación, recapitulada en Cristo, se concluirá, después del milenio, en el Reino. [...] La unidad de la "economía" de la creación y de la redención se funda a fin de cuentas sobre la unicidad de Dios y la unidad de Cristo. La unidad del plan de Dios es la de su designio e intención: llevar todas las cosas a su perfección al someterlas a Dios por Cristo».

206 *Nuevo Comentario Bíblico San Jerónimo*, 1127: «Su cristología, fuertemente influenciada por Col y Ef, se centra en la doctrina de la anakefalaiosis (Ef 1,10), en la que toda la historia humana es asumida y renovada en Cristo y el entero destino humano adquiere su sentido desde él.»

todo, se hizo hombre entre los hombres, visible y tangible, para *vencer la muerte, dar vida y establecer una comunión entre Dios y el hombre*».[207] Entendemos que el texto que acabamos de citar muestra a Cristo como destructor de la muerte para divinizar al hombre, puesto que San Ireneo habla de «establecer una comunión entre Dios y *el* hombre», es decir, entre Dios y la humanidad. En consecuencia, defendemos que si un hombre muere definitivamente como consecuencia de no haberse convertido, la muerte no habría quedado destruida totalmente por Cristo, puesto que aunque solo fuera un único hombre, éste habría sido afectado por ella, lo que implica que la muerte seguiría existiendo.

«[...] El hombre, *creado niño e imperfecto,* alcanzará su estado de madurez y perfección por la encarnación del Hijo y por el don del Espíritu Santo, que le conduce a la divinización».[208] La creación, para él, es una obra continua de Dios sometida a un devenir hasta que el hombre —recordemos, no creado perfecto en el Paraíso, sino «niño e imperfecto», es decir, inacabado— llegue a la visión de Dios después de un tiempo de maduración.

La síntesis de San Ireneo: «Pues éste es el orden de la regla de nuestra fe, la base del edificio y la firmeza de nuestra conversión: Dios Padre, no hecho, inmaterial, invisible, un solo Dios, creador de todas las cosas. Éste es el primer pilar de nuestra fe. El segundo es éste: el Verbo de Dios, Hijo de Dios, Cristo Jesús nuestro Señor, que fue manifestado a los profetas de acuerdo con el modo de su profetizar y según el método de dispensación

---

207 Ramón Trevijano, *Patrología Spientia Fidei. Serie de Manuales de Teología*, 30.
208 Ibíd., 82.

del Padre; por el cual (el Verbo) fue hecho todo; el mismo que al final de los tiempos, para rematar y congregar todo, se hizo hombre entre los hombres, visible y tangible, *para vencer la muerte, dar vida y establecer una comunión entre Dios y el hombre*. Y el tercer pilar es: el Espíritu Santo, por el que hablaron los profetas, los Padres aprendieron las cosas de Dios y los justos fueron encaminados a la justicia; el mismo que *al final de los tiempos fue derramado de un modo nuevo sobre la humanidad de todo el mundo, renovando al hombre en Dios*».[209] Entendemos que esta síntesis apuntala nuestra tesis de salvación universal, es decir, de todos los hombres, sin excepción.

Tras las dos fuentes de la patrística, seguimos con otras de la Tradición, acudiendo a varios concilios. Comenzaremos con el de Florencia (1438-1445) que se refirió ya a la creación de esta manera: «...Por su bondad, creó (Dios) todas las creaturas, tanto las espirituales como las corporales: buenas ciertamente, porque proceden del sumo bien, pero *mudables*, porque fueron hechas de la nada. El mal no tiene naturaleza, porque toda naturaleza en cuanto naturaleza es buena». Bajo este principio, el concilio anatemizó a los maniqueos. Esta afirmación conciliar, sintoniza con la doctrina del mal de San Agustín al afirmar que «el mal no tiene naturaleza».

Cinco siglos después, la constitución *Dei Verbum*, cuya doctrina abunda en la teología cristocéntrica de San Pablo y en la de la gracia de San Agustín expuestas en este trabajo, dice de Jesús que «*realiza* la obra de la salvación que el Padre le encargó» (Jn 5,36). Jesús, por lo tanto, no

---

209 RAMON TREVIJANO, *Patrología*, 87. Epideixis 6, cf. Romero Pose, FuP 2 (Madrid 1992), 62-64.

solo viene a *desvelarnos* lo que el Padre quiere y espera de nosotros. No solo viene a *ayudarnos* a cumplir la voluntad del Padre. Jesús viene a *realizar* la obra de la salvación. A realizarla *Él*.[210] Es lo que hizo al morir en la cruz: destruir el mal y liberar al ser humano, según defendemos en esta tesis.

«Dios está con nosotros para librarnos de las tinieblas del pecado y la muerte y para hacernos resucitar a una vida eterna»,[211] añade la constitución dogmática. Dios está con nosotros «para librarnos de las tinieblas del pecado».[212] Por tanto, entendemos que de esa frase se deriva la enseñanza de que es Dios el que nos librará de nuestras malas obras, y eso es la salvación. Hay que predicar la salvación con vistas a la salvación, dice la constitución. Hay que confiar, pues, en la fuerza salvadora de Dios. Aunque esa fe que nos permite confiar hemos visto que es gracia también. «Para dar esta respuesta de la fe es necesaria la gracia de Dios, que se adelanta y nos ayuda, junto con el auxilio interior del Espíritu Santo, que mueve el corazón, lo dirige a Dios,

---

210 *Nuevo Comentario Bíblico San Jerónimo (Nuevo Testamento)*, 1201: «De este modo Cristo, con su muerte o el derramamiento de su sangre, ha conseguido de una vez por todas para la humanidad lo que simbolizaba cada año el rito del Día de la Expiación para el antiguo Israel; se ha convertido en el nuevo "trono de la misericordia". Realmente *hilasterion* podía entenderse como adj.: "Cristo puesto como expiador", pero, dado el uso más corriente en los LXX, es preferible interpretarlo como sustantivo, "Cristo desplegado como medio de expiación", es decir, un medio por el cual el pecado de la humanidad es borrado».

211 *Concilio Ecuménico Vaticano II (Constituciones, Decretos y Declaraciones (Dei Verbum)*, 166

212 «Dios que te creó sin tu permiso no te salvará sin tu permiso», escribió San Agustín.

abre los ojos del espíritu y concede "a todos gusto en aceptar y creer la Verdad"».[213] Por tanto, interpretamos que un corazón endurecido que se niega a ser salvado no puede identificarse con el que ha sido objeto del auxilio del Espíritu Santo y, por tanto, con «gusto en aceptar y creer la Verdad».

Respecto a la propuesta que defendemos de que el mundo está en camino de salvación, porque la creación/redención no se ha acabado aún, la misma constitución *Dei Verbum* proclama: «La Iglesia camina a través de los siglos hacia la plenitud de la verdad, hasta que se cumplan en ella plenamente las palabras de Dios».

También creemos encontrar apoyo para nuestra tesis en la *Gaudium et Spes*, otra de las constituciones del Concilio Vaticano II, cuando proclama «solo en Jesús conoce el hombre su ser y la sublimidad de su vocación y solo por Él puede llegar el hombre a realizar su vocación».[214] Observamos en esta afirmación la idea de proceso, que nos parece tan crucial para armar nuestra argumentación. Al hablar de «vocación» del hombre consideramos que se nos está transmitiendo que el ser humano ha de hacer un proceso/progreso hasta la realización de esa vocación. Y ha de hacerlo injertado en Jesús.

---

213 *Concilio Ecuménico Vaticano II (Constituciones, Decretos y Declaraciones. Dei Verbuj)*, 166.
214 Ibíd., *(Gaudium et spes)*, 259.

Capítulo 6

LA TEOLOGÍA CONTEMPORÁNEA

6.1. LA TEOLOGÍA CATÓLICA

En la teología contemporánea, hemos encontrado también reconocidos representantes en los que podemos apoyar nuestra tesis. Al aunar la teología bíblica y magisterial que hemos comentado hasta ahora con algunos de los hallazgos de la teología contemporánea nos parece estar confeccionando un puzzle que encaja y nos acerca a la Verdad.

De entre los teólogos contemporáneos, hemos seleccionado al jesuita francés Teilhard de Chardin (1881-1955), paleontólogo y filósofo, porque su teología concilia fe y razón, una de las principales aspiraciones de esta tesis. Mantuvo una concepción de la evolución equidistante entre la ortodoxia religiosa y científica. Recurrimos también a otro teólogo católico muy vinculado al ecumenismo, porque consideramos que la teología actual tiene en este campo un reto fundamental para el progreso hacia el esclarecimiento de la Verdad revelada en Jesús y por Jesús. Nos referimos al alemán Walter Kasper (1933), presidente del Pontificio Consejo para la Promoción de la Unidad de los Cristianos y miembro de la Congregación para la Doctrina de la Fe. Citamos por último en este apartado a la mística judía convertida al cristianismo Edith Stein.

Respecto a la teología protestante, buscamos en Karl Barth y Rudolf Bultman sus ideas sobre el mal, que ambos ven como una carencia de bien, y sobre el diablo, que entienden como lo contrario a Dios: el no-ser frente al Ser. Observan, pues, el mal como una carencia de la que el hombre ha llegado a ser consciente. Y nos detenemos en Wolfhart Pannenberg, por su esfuerzo por conciliar teología y filosofía.

6.1.1. *Teilhard de Chardin*

El gran teólogo Teilhard de Chardin entendió que el mal, o para ser más exactos, lo que los seres humanos percibimos como mal, le sirve a Dios para mayor bien. Sostiene que el mal, motivado por nuestras acciones unas veces, pero también por las circunstancias (enfermedad, muerte natural, desastres naturales, accidentes...) siempre es germen del bien. Porque el mal va desposeyéndonos de nosotros mismos y convirtiendo más y más la humanidad en Cristo, que es el fin último de toda creación.

Lo escribe así: «El hombre solo escapa al terrible aburrimiento del deber monótono y banal enfrentándose con las ansiedades y la tensión interior de la creación. Crear u organizar energía material, verdad o belleza es un tormento interior que le roba, a quien se aventura en ello, la vida pacífica y replegada, donde propiamente anida el vicio del egoísmo y del apego. No solo para ser un buen obrero de la Tierra debe el hombre saber abandonar su tranquilidad y su reposo; sino que le es preciso saber renunciar incesantemente, mediante formas mejores, a las prácticas primeras de su industria, de su arte, de su pensamiento. Detenerse a gozar, a poseer, sería una falta contra la acción. Una y otra vez hay que superarse, desprenderse de sí mismo, dejar tras uno, en cada instante, los proyectos más queridos. Ahora bien, siguiendo esta ruta, que no es tan distinta como pueda parecer a primera vista del camino real de la Cruz, el desasimiento no consiste solo en la sustitución continua de un objeto por otro objeto del mismo orden, como los kilómetros sobre una carretera llana se suceden. En virtud de un maravilloso *proceso ascendente* encerrado en las cosas, cada realidad alcanzada y superada nos permite acceder al descubrimiento y a la prosecución de un ideal de calidad espiritual superior».[215]

6.1.2. *Walter Kasper*

De Walter Kasper, nos fijaremos en su explicación del mito. Consideramos que su idea respecto a este género literario y su propuesta de desmitologización coincide con nuestra tesis. «Es —dice— el modo de comprensión que pertenece a una época ya superada de la humanidad, a su época infantil; entonces aún no se sabía nada sobre las causas verdaderas de las cosas, por lo que en el mundo y en la historia se veían actuar por doquier fuerzas supramundanas y divinas». El teólogo católico se estaba refiriendo al programa de desmitologización que Bultman, desde el protestantismo, proponía como medio imprescindible de llevar el Evangelio al hombre moderno.[216] Bultman reclama la desmitologización del Evangelio, mientras en esta tesina hemos intentado la desmitologización del llamado protoevangelio.

A este respecto, escribe Kasper: «El programa de desmitologización no quiere decir, como puede sugerir el propio término si es mal entendido, que se tienda a eliminar, sino a interpretar». «La desmitologización —añade— no se mueve primariamente por interés negativo, sino positivo. Quiere salvar el núcleo perenne

---

215 Pierre Teilhard de Chardin, *El medio divino*, 40.
216 Mc 16, 15-16: «Id por todo el mundo y predicad la Buena Nueva», fue el mandato de Jesús.

de contenido que hay en la profesión tradicional de fe en forma mitológicamente cifrada. Quiere expresar su intencionalidad sin desfiguraciones, a tono con la conciencia moderna».[217]

Sobre la conciencia escribe Kasper: «Precisamente en su miseria, el hombre prueba su grandeza, puesto que el hombre conoce y sufre por su causa [...], pues no podría sufrir por ella si al menos no *tuviera un presentimiento de su grandeza y, en consecuencia, no supiera que todo podría y tendría que ser distinto*».[218]

Aunque al exponer esta reflexión, Kasper no está haciendo exégesis del Génesis 3, nos queremos apoyar en ella porque consideramos que coincide con nuestra interpretación sobre la supuesta caída de Adán y Eva no como una desobediencia, sino como un reconocimiento de la propia miseria: la aparición de la conciencia, que a pesar de que es algo positivo, puesto que sostenemos que es lo que identifica y singulariza al ser humano, le produce sufrimiento porque le supone la comprensión de su propia miseria. Tal vez, por eso, el autor del Génesis 3, lo narrara como un momento de gran sufrimiento para el hombre.

En su obra *Jesús, el Cristo*, Kasper expone también una idea de libertad con la que coincidimos, cuando afirma: «demonios llama la escritura a este poder que *antecede* a la libertad». «Antecede», escribe el autor. Por lo tanto, la posibilidad de optar por el mal que hay en el hombre no la entiende como una consecuencia de la libertad, sino más bien como lo que le falta para alcanzarla.

217 Walter KASPER, *Jesús, el Cristo*, 83.
218 Ibíd., 66.

Y respecto a Jesús, el cardenal Kasper escribe: «Jesús no quiso mejorar el mundo sino que anunció la llegada de un mundo nuevo. En el centro de su mensaje estaba el Reino de Dios que no llega por el esfuerzo humano». En esta sentencia, nos sustentamos también para avalar nuestra tesis de que la salvación es universal porque no la gana el hombre, sino que Dios la ha regalado a la humanidad en Cristo.

6.1.3. *Edith Stein*

Por su parte, la filósofa y mística contemporánea Edith Stein escribió sobre el infierno lo siguiente: «El mundo está hecho de opuestos, pero al final no quedará nada de esos opuestos, solo quedará el amor». También coincidimos con ella en cuanto no serán los hombres malvados los que serán destruidos (condenados) sino la maldad. Y por tanto, el hombre liberado, salvado.

Respecto a la gratuidad de la salvación, Santa Teresita del Niño Jesús, doctora de la Iglesia, dice ya al comienzo de su *Historia de un alma*: «Él (Dios) no llama a los que son dignos sino a los que él quiere...», que en este trabajo defendemos que es *toda* la humanidad.

6.2. LA TEOLOGÍA PROTESTANTE

En cuanto a la teología protestante, encontramos entre sus miembros al influyente Karl Barth, para quien «Satanás es *el todavía no* de la creación en camino, destinado a ser anulado al final de la historia [...] Satanás —escribe también— es la repugnancia que Dios experimenta ante lo incompleto de la creación».[219] No duda en admitir la existencia de los ángeles por

---

219 Alejandro MARTÍNEZ SIERRA, *Antropología Teológica*, 218.

testimonio de la Escritura como «un signo de la pobreza del hombre».[220] A Barth, le han seguido otros protestantes como E Brunner, P. Althaus, Künnet. Por su parte, Bultman ve en ángeles y demonios «un residuo de superstición infantil que hay que hacer desaparecer».[221]

Pero hemos optado por destacar otra distinguida figura del protestantismo —discípulo de Barth—, por su decidida apuesta por la conciliación entre la razón y la fe, y por su simpatía por el ecumenismo. Nos referimos al alemán Wolfhart Pannenberg.

Nacido en Stettin, en 1928, se trata del teólogo evangélico actual que más importancia otorga a la razón[222]. De su teología, nos fijamos en su cristología en relación al final de la historia, con cuya formulación —según la reseña que hace de él Manuel Fraijó en el ya citado *Dios, el mal y otros ensayos*— sintoniza nuestra tesis. Lo que sigue es una síntesis: «Vivir anticipando el futuro es un rasgo fundamental y universal del ser humano. Pero, ¿cómo se anticipa el futuro, el final de la historia? ¿Tal vez imaginándolo? De ningún modo. Ese final ha quedado "provisionalmente" anticipado porque a uno de los nuestros, a Jesús de Nazaret, le ha ocurrido ya lo que para el resto de la humanidad aún es futuro: ha resucitado de entre los muertos. Se ha rasgado el velo. Sabemos lo que ocurrirá al final: se repetirá, a escala universal, lo que ha acontecido ya a Jesús de Nazaret. Jesús *ha anticipado* el final, pero no *es* el final. El final, la resurrección universal, pertenece aún al futuro. Un futuro "limitadamente" abierto, ya que en él no ocurrirá

---

220 Ibíd., 218.
221 Ibíd., 218.
222 Manuel Fraijó, *Dios, el mal y otros ensayos*, 281.

nada cualitativamente nuevo. Nuestra resurrección no poseerá ninguna cualidad distinta de la resurrección acontecida ya en Jesús. Pero se trata sólo de una anticipación provisional. Jesús sigue estando incompleto, ya que le falta la unión definitiva con la humanidad. En este sentido, Jesús no ha alcanzado aún su meta definitiva. Sigue teniendo futuro. Su futuro es *la resurrección de la humanidad*,[223] que la suya ha anticipado. Y algo teológicamente muy importante: Jesús no tiene un significado meramente ejemplar. Es decir: no solo resucitaremos *como* Jesús, sino *en* él».[224]

---

223 El subrayado es nuestro.
224 Ibíd., 299.

Capítulo 7

LA FILOSOFÍA: FE Y RAZÓN

En este apartado, que cerrará esta segunda parte de nuestro trabajo dedicado a los Argumentos teológicos y filosóficos, vamos a hacer un brevísimo paso por algunos grandes nombres del pensamiento filosófico en un intento de contrastar también con ellos nuestra tesis. Hemos comenzado con Platón y Aristóteles, dos grandes figuras de la filosofía antigua, porque su pensamiento constituye el fundamento de toda la filosofía occidental, y porque hemos creído encontrar en ellos, como también en el resto de los citados, aval para apuntalar nuestras principales tesis. Nuestro objetivo en este último capítulo es el reto de conciliar fe y razón.

Comenzaremos con Platón y su teoría de las ideas, analizado por el también filósofo Bertrand Russell. El pensador griego, con cuyo pensamiento los Padres de la Iglesia han buscado conciliar su teología, sostiene en la *República* —una de sus principales obras, donde expone su teoría de las ideas— que en cada cosa aparente hay a la vez ser y no ser. ¿Pero cómo es posible esto?, se pregunta Bertrand Russell en el capítulo dedicado a Platón en su *Historia de la Filosofía*. Y pasa a exponer la filosofía platónica: «Porque las cosas particulares están hechas de caracteres opuestos; lo bello también es, en cierto aspecto, feo; lo justo, en ciertos aspectos, injusto, etc. Todos los objetos particulares sensibles, arguye Platón, poseen este carácter contradictorio; son, pues, el intermedio entre el ser y el no ser».

En esta afirmación vemos una posible justificación a nuestra explicación al mito de Adán y Eva y el pecado original. En Adán había bien y mal, pero éste entendido no como algo ontológicamente existente sino como carencia de bien. Para decirlo más claramente, en Adán y Eva había bien (ser) y mal (no ser o carencia de ser/bien) sencillamente porque era un hombre, no *el* hombre. Es decir, era un hombre en potencia, juntamente con la mujer, puesto que el único hombre al que podemos definir como *el* hombre es Jesús, el hombre acabado, el hombre perfecto. Adán, es decir, la humanidad primitiva, solo participaba de la humanidad de Jesús. Necesitaba la redención para que esa participación fuera total, para identificarse totalmente en Cristo, para injertarse en Él, para ser uno con Él.[225]

En cuanto a Aristóteles, la segunda gran figura de la Historia de la Filosofía, su metafísica entendemos que puede servirnos también para avalar la idea de la realidad en proceso. Él reflexiona sobre el paso de *materia* a *forma*, que sería el equivalente a *ser* y *no ser* en Platón, o a *bien* y *mal*, en nuestra tesis. Así lo explica Russell en la misma *Historia de la Filosofía*: «La doctrina de la materia y forma en Aristóteles está relacionada con la distinción de potencialidad y actualidad. La materia desnuda se considera como potencialidad de forma; todo cambio es lo que llamaríamos evolución, en el sentido de que, después del cambio, la cosa en cuestión tiene más forma que antes. La que tiene más forma se considera más actual. Dios es pura forma y pura actualidad; en Él, por lo tanto, no puede haber cambio». Russell indica: «Se

---

225 Ese proceso de transformación del primer Adán al segundo Adán es lo que vive perfectamente consciente San Pablo cuando proclama: «No soy yo, es Cristo quien vive en mí» (Gal 2,29).

verá que esta doctrina es optimista y teleológica: el universo y todo en él se desarrolla hacia algo continuamente mejor que lo anterior».[226]

En nuestro recorrido por otros grandes filósofos modernos queremos comenzar citando a Blaise Pascal (1623-1662), con cuya descripción del hombre coincide nuestra interpretación del relato de Génesis 3 como el despertar de la conciencia pese a que la consecuencia es el sentimiento de indignidad. Así, Pascal afirma que la grandeza del hombre proviene de que conoce su miseria.[227]

A continuación, nos detendremos en Baruch Spinoza (1634-1677), por su interpretación de qué es libertad. Sostiene Spinoza que la libertad fundamental es la interna, la de nuestras propias pasiones. En su *Tratado teológico-político*, considera que el miedo es un grandísimo enemigo del ser humano porque lo hace proclive a la superstición y le aleja de la libertad, que defendió con ardor. En esa misma obra, considera que las falsas religiones han utilizado ese peligroso tándem —miedo/superstición— para dominar a los hombres.[228]

El filósofo sostuvo que si todo procede de Dios no puede haber nada malo y que nuestra percepción de imperfección es solo consecuencia de la ignorancia y la parcialidad de nuestra mirada. Lo que consideramos doloroso, negativo, defectuoso, malo, no lo es en realidad. Esa aparente negatividad actual existe para producir una armonía todavía mayor en el proceso

---

226 Bertrand RUSSELL, *Historia de la Filosofía Occidental* (tomo 1), 201.
227 http//biografíasuniversales.com
228 Baruch SPINOZA, *Tratado teológico-político*, 61.

creativo de la naturaleza, que vemos de forma fragmentada por nuestras pasiones. Pero si todo es perfecto, si todo lo existente es armónico porque forma parte de la armonía divina y llegará a una armonía total de forma inevitable, como él sostenía, ¿existe la libertad? Para Spinoza, el hecho de que todo esté predeterminado por Dios, incluso la voluntad humana, no niega la libertad al hombre sino que la garantiza. Porque no entiende por libertad la posibilidad de hacer el bien y el mal. Ser libre es actuar conforme al fin al que nuestro verdadero ser está orientado. «... Quizá alguien piense, sin embargo, que de este modo convertimos a los súbditos en esclavos, por creer que es esclavo quien obra por una orden, y libre quien vive a su antojo. Pero esto está muy lejos de ser verdad, ya que, en realidad, quien es llevado por sus apetitos y es incapaz de ver ni hacer nada que le sea útil, es esclavo al máximo; y solo es libre aquel que vive con sinceridad bajo la sola guía de la razón».[229]

También respecto a la libertad, en su *Ética*, escribe: «Así, el niño cree que apetece libremente la leche, el muchacho irritado, que quiere libremente la venganza, y el tímido la fuga. También el ebrio cree decir por libre decisión de su alma lo que, ya sobrio, quisiera haber callado, y asimismo el que delira, la charlatana, el niño y otros muchos de esta laya creen hablar por libre decisión del alma, siendo así que no pueden reprimir el impulso que les hace hablar. De modo que la experiencia misma, no menos claramente que la razón enseña que los hombres creen ser libres solo a causa de que son

---

229 Baruch SPINOZA, *Tratado teológico-político*, 342.

conscientes de sus acciones e ignorantes de las causas que las determinan».[230]

Nos referiremos ahora a Immanuel Kant (1724-1804), Y nuestra lupa se detendrá en la importancia que el pensador alemán atribuye a la conciencia humana. Dice de ella que es, junto a las estrellas, lo que le produce más admiración de todo lo existente. «Dos cosas llenan el ánimo de admiración y respeto, siempre nuevos y crecientes, con cuanta más frecuencia y aplicación se ocupa de ellas la reflexión: el cielo estrellado sobre mí y la ley moral en mí». Así lo expresó en su Crítica de la razón práctica, una de las obras cumbres de la filosofía.

¿No es acorde nuestra tesis con esta máxima que considera tan admirable la conciencia cuando sostenemos que es nada más y nada menos que la conciencia la que nos hace potencialmente libres, y, por eso, humanos? ¿Y cuándo en consecuencia defendemos que somos criaturas absolutamente singulares, precisamente por tener conciencia moral, a cuya adquisición defendemos que alude el relato del Génesis 3.

También creemos que armoniza nuestra tesis con la filosofía de Abert Camús en cuanto a la lucha interna que libra el hombre en su interior, de la que hemos visto que ya se dolía San Pablo, de modo que sostenemos que Jesús viene a liberarnos de ese mal que nos acecha. Así lo formula el filósofo: «El rebelde[231] no puede, pues, hallar el reposo. Conoce el bien y a pesar suyo hace el mal. El valor que lo mantiene en pie nunca le es dado una vez para siempre [...] Su virtud consistirá, sumido en las

---

230 Baruch SPINOZA, Ética, 188.
231 Cuando habla de rebelde se refiere al hombre moderno, al hombre que pretende prescindir de Dios.

tinieblas, en no ceder a su vértigo oscuro; en arrastrarse obstinadamente hacia el bien encadenado al mal». De ese mal se lamenta Camús porque sufre al ver al hombre encadenado a él.[232] También se refiere el pensador a la idea de libertad como una cualidad que el ser humano posee solo parcialmente. En su obra *El hombre rebelde*, escribe: «El rebelde afirma en nombre de otro valor lo imposible de la libertad total al mismo tiempo que reclama para sí mismo la relativa libertad».[233]

Por tanto, entendemos que la filosofía de Camús sostiene la idea del hombre imperfecto porque está *en proceso y, por eso, es imperfecto,* que defendemos en este trabajo. Vemos, pues, también armonía con su pensamiento.[234]

Por último, nos referiremos a la descripción que hace del Amor, con mayúsculas, entendido como Dios mismo, el filósofo J. Gómez Caffarena. Caffarena aborda el tema de la solidaridad, que considera un redescubrimiento actual, y escribe: «Vamos a mantener que es un momento esencial en la estructura fenomenológica del hombre maduro. Aunque no el único. Quizá —añade— la Historia de la Humanidad, como la historia de cada hombre individual, deberá entenderse como un proceso de maduración, que va posibilitando la emergencia progresiva y la realización más plena del amor, dependientemente de la superación de las condiciones de

---

232 Albert CAMÚS, *El hombre rebelde,* 354: Más allá del nihilismo, todos nosotros, entre las ruinas, preparamos un renacer. Pero pocos los saben.

233 Ibíd., 331.

234 Ibíd., 344: «El hombre, por último, no es enteramente culpable, no comenzó la historia; ni totalmente inocente, puesto que la continúa».

dureza de la vida. Y quizá nunca podrá desaparecer totalmente un aspecto de lucha en las relaciones interhumanas».[235]

A nuestro juicio, esta descripción de Caffarena resume el proceso evolutivo humano, entendido en toda su amplitud, equiparando el proceso individual y el colectivo. Para Caffarena, el hombre, criatura divina, se encuentra desde su creación de la nada, en una carrera evolutiva progresiva hacia el Amor, concepto que en esta tesis identificamos con Dios.[236] Dios, o el Amor, fue su creador, y a Él se dirige el ser humano, tanto individual como colectivamente, habiendo de vencer con la fuerza de la gracia de Cristo las condiciones de dureza de la vida.

En nuestra tesis, identificamos esa dureza a la que se refiere Caffarena con aquella serpiente a la que alude el Génesis y que no es más que el propio ego del hombre, un ego que le apega a la tierra y a sí mismo y le dificulta ese viaje imprescindible, el más largo, el más difícil, el más importante, el viaje que nos lleva del yo al otro, del egoísmo al amor. Una vez efectuado ese recorrido, a cuya meta estamos destinados y cuyo alcance los creyentes en Cristo confiamos que ya tenemos asegurado por Él y en Él, nos identificaremos totalmente con nuestro creador y quedará culminado su designio eterno: habremos alcanzado el Ser imagen y semejanza suya.

---

235 J. GÓMEZ CAFFARENA, *Metafísica fundamental*, 213.
236 *Catecismo de la Iglesia católica*, 309, n. 1085: «El acontecimiento de la Cruz y de la Resurrección permanece y atrae todo hacia la Vida».

CONCLUSIONES A LA SEGUNDA PARTE

PRIMERO: Si Dios lo creó todo «bueno», tal como insiste Gn 1-2,2 en afirmar, difícilmente el hombre podía desobedecerle, porque eso significaría que el mal existía, dentro o fuera de él. La proclamación «muy bueno» de Dios al final de su creación sustenta nuestra tesis de que la creación es buena, pero imperfecta, entendiendo imperfecta en el sentido etimológico de la palabra: inacabada. El paso del «bueno» al «muy bueno» transmite la idea de una creación progresiva.

SEGUNDO: Dios mismo dirige la obra que puso en marcha y garantiza que se cumplirá su eterno designio: la nueva creación. La salvación del hombre, es decir, su divinización. Isaías nos anuncia ese éxito final (Is 55,10-11), mientras Ezequiel nos desvela cómo se realizará ese plan salvífico. Será con la colaboración del hombre, porque así dispuso Dios que sea, pese a la maldad del ser humano, motivada por su imperfección: «Os daré un corazón nuevo». Y resuelve así el largo y ardiente debate que se libra desde hace siglos en el seno del cristianismo: ¿obtenemos la salvación solo por gracia, o son necesarias las obras? El profeta da la respuesta: la salvación nos llega por gracia y por obras. Pero esas obras las ejecutaremos con seguridad, por gracia, porque Dios nos dará un corazón nuevo, del que necesariamente han de brotar.

TERCERO: San Pablo nos transmite que esa gracia procede de Cristo y que la salvación es obrada *por* Cristo. El gran mensaje de Pablo es que *nos salvamos por Cristo*, no por pertenecer a una religión u otra o por cumplir esforzadamente unos determinados ritos o normas morales. Cristo inaugura algo completamente nuevo para el hombre. Libera a la humanidad del pecado. Así la salva. Y si es Él quien obra la salvación, se deduce que todos los hombres sin excepción son los destinatarios. Salva a la humanidad entera, unida como un mismo cuerpo, del que Cristo es la cabeza. Cuando el apóstol reclama buenas obras para obtener la salvación no se refiere a la salvación escatológica sino a la paz interior en este mundo temporal, a la alegría verdadera que proporciona sentirse humano y cumplir por tanto la vocación a la que el hombre está llamado. Sin embargo, él reconoce en sí mismo la imposibilidad del ser humano de lograr por sí mismo cumplir esa vocación. Se pone como ejemplo: «Cuando quiero hacer el bien se me impone el mal» (Rm 7,21). Y en 2 Corintios 7: «Tengo un aguijón clavado en mi carne, un agente de Satanás encargado de abofetearme para que no me enorgullezca».

CUARTO: ¿Qué es esa fuerza misteriosa que nos empuja hacia abajo, que parece encadenarnos y arrastrarnos fuertemente a hacer lo que no queremos? La teología de San Pablo sobre el pecado de Adán nos enseña que el pecado existe *porque* existe conciencia de pecado, y *desde* que existe conciencia de pecado. Lo formula así: «Yo no conocería el pecado a no ser por la ley. Yo no sabía lo que era un mal deseo hasta que dijo la ley: "No tengas malos deseos". Y así, con ocasión del precepto, la fuerza del pecado despertó en mí toda clase de malos deseos, mientras que sin la ley no actuaría la fuerza del pecado». Y continúa: «En un tiempo, al no haber ley, todo era vida para mí; pero, al venir el precepto, revivió la fuerza del pecado y yo quedé muerto» (Romanos, 7,9).[237]

QUINTO: ¿Qué haremos frente a esta fuerza que nos atrapa y que en este trabajo relacionamos con esa pulsión animal que nos hace retroceder a nuestros orígenes? ¿Quién me librará —dice Pablo— de este cuerpo de muerte? Es Cristo quien nos salva, proclama. En su carta a los Romanos, San Pablo formula la tesis de los dos adanes en la que nos apoyamos para sustentar nuestra interpretación de que Adán no era más que el boceto del hombre verdadero que Dios está creando y que culminará cuando todos seamos uno con Cristo. ¿Y mientras tanto qué? ¿Qué hacemos en esta vida? El apóstol de los gentiles formula una moral en incesante combate entre el origen (Adán) y el destino: Cristo. Pero no es una moral basada en el cumplimiento esforzado de unas normas. Nuestra moral se basa en confiar en que el Espíritu de Cristo nos vaya cambiando el corazón. Hay que confiar en la salvación obrada ya *por* Cristo *para todos* por amor. Esta fe,[238] que actúa por medio del amor (Gal 5,6) es, según Pablo, la que nos convierte en hombres libres,

---

237 Joseph A. FITZMYER, *Nuevo Comentario Bíblico San Jerónimo*, 384: «Pablo veía la historia humana dividida en tres períodos. El primer período, desde Adán hasta Moisés, careció de ley; en él los seres humanos hacían el mal, pero no transgredían ley alguna. En el segundo período, desde Moisés hasta el mesías, "se añadió la ley" (Gal 3, 19; cf. Rom 5, 20), y el pecado humano se entendió como una transgresión de ella. En este período se daba, además de la influencia del pecado de Adán, el factor coadyuvante de las transgresiones en ese momento imputadas porque existía una ley. En el tercer período (el del mesías) existe libertad respecto a la ley en virtud de la gracia de Cristo».

238 Entendemos por fe la confianza en un Dios que nos salva aunque no lo merezcamos, que salva a los impíos, según la expresión de San Pablo.

porque no dependemos del cumplimiento de la Ley para salvarnos. La confianza en el perdón y el amor de Dios, en su salvación, libera el corazón humano del miedo y como consecuencia de esa liberación le va capacitando para el amor.

SEXTO: Si San Pablo afirma que es la fe en Cristo y no el cumplimiento de las normas lo que nos salva, San Agustín dice que esa fe se obtiene gratuita e inmerecidamente: por pura gracia. Y que las buenas obras surgen necesariamente de esa fe. Sostiene con insistencia y contundencia como respuesta a la secta pelagiana y semipelagiana que defendía algún tipo de intervención humana en la salvación, que todo lo bueno que hace el hombre es, de principio a fin, producto de la gracia. La tesis fundamental de sus tratados sobre la gracia es que el esfuerzo humano no es capaz de buenas obras: todo es gracia. Incluso la apertura de corazón por parte del hombre para recibirla.

SÉPTIMO: Si las buenas obras no pueden ser fruto del esfuerzo humano sino que son un don gratuito de Dios —que previamente da tanto la gracia como la voluntad y capacidad de recibirla y la perseverancia en las obras buenas que necesariamente dice que se derivan de ella— San Agustín admite que es incomprensible que haya hombres que se condenen. Su única respuesta al misterio es que «los designios del Señor son inescrutables». En coherencia con su doctrina acerca de la gratuidad de la gracia, deduce que quienes se condenan ha de ser porque Dios los ha predestinado a ello. Nuestra tesis asume la doctrina de la predestinación de San Agustín, pero defendemos la predestinación a la salvación, no a la condenación. Entendemos que la predestinación a la condenación resultaría incompatible con un Dios Padre, amoroso y misericordioso. Admitimos que los designios de Dios son inescrutables y que Dios es un Misterio siempre mayor que no puede llegar a ser totalmente abarcado en este mundo, sino que habrá que esperar a que podamos verle cara a cara. Pero ese misterio no puede justificar a nuestro juicio una supuesta condenación de seres inocentes, como un niño que muere sin bautizar,[239] posibilidad que San Agustín sí contempló. Por el contrario, sostenemos que lo que no podemos comprender los hombres sobre Dios no es su capacidad de condenar inocentes sino de salvar a los culpables. Es decir, su gran misericordia. Y entendemos que esa es su justicia. Diferente de la nuestra.[240] Incomprensible para nosotros.

OCTAVO: ¿Y la libertad del hombre? ¿Dónde queda si todos estamos predestinados? San Agustín resuelve este tema diciendo que Dios «da lo que manda». El concepto de libertad que defendemos en esta tesis coincide con el suyo: la libertad no es la posibilidad de pecar, sino la posibilidad de hacer el bien. Por eso, recordemos que dice, Jesús es el hombre totalmente libre, precisamente porque es el hombre sin pecado. También la Virgen. Ambos estaban predestinados. Por tanto, que el hombre haya de cumplir el designio de salvación que Dios tiene para él necesariamente no anula su libertad sino que *la garantiza*.

NOVENO: Una de las claves para entender la existencia del mal y del dolor en el mundo pese a la bondad absoluta de Dios, único creador, es observar la creación como *un proceso salvífico que sigue en marcha,*

---

239 El ejemplo es el mismo que utiliza San Agustín.
240 «Mis planes no son como vuestros planes, ni vuestros caminos como los míos» (Is 55,9).

que no ha terminado. *Por eso* experimentamos la existencia de mal en la vida. San Agustín niega realidad ontológica al mal y lo define como carencia de bien. Los padres de la Iglesia y los principales documentos del Magisterio contemplan ese proceso cuando hablan de la economía de la salvación o de la pedagogía progresiva de Dios. San Ireneo de Lyon afirma que en la creación ya había redención. Una enseñanza que entendemos que también armoniza tanto con esta idea de proceso como con nuestra interpretación del relato del pecado original porque de ella se deduce que no había perfección ni Paraíso en los orígenes del hombre sino el primer germen de salvación. De haber habido perfección no hubiera sido necesaria ya entonces la redención. La teología contemporánea y la filosofía coinciden también con esta concepción de la historia del mundo y del hombre al observar la realidad como un proceso que la va perfeccionando. El mal es el «todavía no» de la creación en proceso. El No Ser. El opuesto a Dios, que es El que Es.

DÉCIMO: En ese proceso interviene el hombre, pero no por su esfuerzo o su mérito sino por gracia. Defendemos que esta afirmación que está en el corazón de la teología de la gracia de San Agustín no se contradice como alguien pudiera interpretar con una frase del santo Padre de la Iglesia célebre, en la que algunos han querido ver la posibilidad de que el hombre frustre la voluntad salvífica de Dios: «Dios que te creó sin ti no te salvará sin ti». Dios nos salvará con nuestro consentimiento, pero sostenemos que ese consentimiento está garantizado porque previamente en ese proceso de salvación progresiva se habrá garantizado nuestro sí libre habiéndonos cambiado el corazón. Como dice el salmo: el Señor nos dará la lluvia y nuestra tierra dará su fruto.

Mientras ese futuro llega, mientras el mundo se transforma en el Reino, el hombre sufre porque es un sujeto que vive en el tiempo, porque experimenta esa transformación como un parto. Y un parto siempre es doloroso: ha de acabar con lo viejo, para alumbrar el Ser: lo nuevo. El mal es una realidad que solo percibe el hombre, no Dios en cuanto Dios, porque Él vive en su hoy eterno. Sin embargo, su gran misericordia y su amor por el hombre, le han llevado a asumir Él mismo la naturaleza humana para hacerse solidario con nuestro dolor mediante su muerte en la cruz, que se convierte en el árbol de la Vida. Él garantiza el buen final de la creación dándonos a comer el fruto de ese árbol que está en el corazón de la creación, justo en medio del jardín.

CONCLUSIONES GENERALES

PRIMERO: Sostenemos que el relato de Gn 3 no indica que la humanidad haya vivido inicialmente en un paraíso y en armonía con la creación y con el creador. Sin embargo, defendemos que el relato de Génesis 3, lejos de ser un texto infantil, inservible ya para el hombre moderno, responde a las grandes preguntas existenciales: quiénes somos y cuál es nuestro destino.

SEGUNDO: El Génesis 3 no narra el origen del pecado sino el origen de la conciencia de pecado. La adquisición de la conciencia moral por parte del hombre, ya capaz de intuir que hay un bien absoluto: un Dios, que identifica con ese Bien. Ese descubrimiento produce en él un sentimiento de indignidad: ansía ese Bien y descubre lo lejos que se encuentra de Él, ya que vive como un animal más. La desnudez le produce vergüenza porque es signo de esa animalidad.

TERCERO: Antes de ese despertar, el hombre no pecaba simplemente porque no había adquirido conciencia de pecado. Adán y Eva antes de la supuesta caída no eran inocentes sino inconscientes. El paraíso no es sino el paraíso de la inconsciencia. Hay no obstante un Paraíso con mayúsculas que es el que esos primeros humanos son capaces de vislumbrar, el Paraíso junto a Dios. Pero no es el lugar que habitan, sino su destino. No es el paraíso perdido sino el paraíso vislumbrado.

CUARTO: La adquisición de la conciencia moral es el hecho constitutivo del ser humano, lo que le diferencia del resto de los seres creados. Su singularidad no es la racionalidad ni el bipedismo, como aventuran las teorías cientifistas, sino precisamente la capacidad de distinguir el bien del mal que recoge el libro del Génesis en el capítulo 3. Porque esa capacidad es lo que le convierte en un ser potencialmente libre. Solo *potencialmente*.

QUINTO: La libertad no es la capacidad de hacer el bien y el mal, sino la capacidad de hacer el bien. Y esto es lo que empieza a adquirir el ser humano del Génesis. El mal es simplemente la ley de la selva, la ley de la supervivencia, que en el caso del hombre sigue esclavizándole en forma de concupiscencia, que incluye la supervivencia no solo física sino otra más sofisticada que se manifiesta mediante actitudes como la soberbia, la envidia o la ira.

SEXTO: El mal no es consecuencia de la libertad del hombre sino de su imperfección y la de toda la creación en marcha. Pese a ser obra de Dios, la creación es imperfecta, pero entendida en el sentido etimológico de la palabra imperfecta: inacabada. La creación se está produciendo ahora.

SÉPTIMO: El hombre es un ser en proceso entre su pasado animal y su destino divino. En su interior resuenan dos voces: la de origen y la de su destino. El hombre es libre cuando vence la voz de su animalidad y obedece la voz de Dios. Pero esta liberación es siempre un don gratuito de Dios. Experimentamos como mal lo que en realidad es una carencia de bien.

OCTAVO: El hombre no puede liberarse por sí mismo. Necesita el Espíritu de Dios para lograrlo. Solo Jesús puede liberarnos. Ese es el objeto de la encarnación. Él es el linaje de la mujer que anuncia Génesis 3. Él quien destruye el mal y libera al linaje de esa Eva madre de los vivientes, que es la humanidad entera. La salvación anunciada en el Génesis está obrada por Jesús en la cruz. Él es el fruto del árbol de la Vida, que ocupa desde siempre el centro del Paraíso. El segundo Adán al que se refiere San Pablo. El hombre definitivo: la cabeza de un cuerpo constituido por todos los seres humanos, cuya andadura comenzó comiendo del fruto árbol del conocimiento y culminará comiendo en la comunión el fruto del árbol de la Vida, que prefigura la cruz: Cristo.

NOVENO: La salvación obrada por Cristo ha de ser en consecuencia con lo anterior universal. De otro modo, si hubiera un solo hombre condenado al infierno eterno, el mal permanecería eternamente y Jesús habría fracasado.

DÉCIMO: El infierno podría ser la destrucción del mal no de los malos. Precisamente Jesús viene a liberarnos del mal —«No necesitan médico los sanos sino los enfermos. Yo no he venido a buscar a los justos sino a los pecadores, para que se conviertan» (Lc 5,31-32) —. El designio de Dios desde toda la eternidad es la divinización del hombre: la creación de la nada de un ser semejante a Él y destinado a vivir en la comunidad eterna del amor trinitario. Y sostenemos que ese designio se cumplirá. Por eso, quienes lo creemos estamos ya salvados en esperanza.

BIBLIOGRAFÍA

La Biblia, Madrid: La Casa de la Biblia 1992 (6ª edición. Aprobada por la Conferencia Episcopal Española).

Catecismo de la Iglesia católica, Bilbao: Asociación de Coeditores del Catecismo - Librería Editrice Vaticana (Nueva Edición conforme al texto latino oficial).

Concilio Ecuménico Vaticano II, Madrid: BAC 2004 (quinta impresión).

Interpretación de la Biblia en l'Església. Pontificia Comisión Bíblica, Barcelona: Claret 1994.

BROWN, R. E. - FITZMYER, J. A. - MURPHI, R. (eds.) E., *Nuevo Comentario Bíblico San Jerónimo* (Antiguo Testamento), Pamplona: Verbo Divino 2005.

BROWN, R. E.- FITZMYER, J. A. - MURPHI, R. E.- CARM, O., *Nuevo Comentario Bíblico San Jerónimo* (Nuevo Testamento), Pamplona: Verbo Divino 2004.

BRUNOT, A., *Los escritos de San Pablo*, Estella: Verbo Divino 1991.

CAMÚS, A.., *El hombre rebelde*, Madrid: Alianza Editorial 2010.

FRAIJÓ, M., *Dios, el mal y otros ensayos*, Madrid: Trotta 2006.

CASTEL, F., *Comienzos*, Estella: Verbo Divino 2002.

GARCÍA SANTOS, A., *El Pentateuco Historia y Sentido*, Salamanca: Edibesa 1988.

GIL I RIBAS, J., *Antropología Teológica (Pecat i gràcia)*, Barcelona: Institut Superior de Ciències Religioses de Barcelona 1998.

GÓMEZ CAFFARENA, J., *Metafísica fundamental,* Madrid: Ediciones cristiandad, S. L. 1983.

HUSSER, J.M., «*Entre mythe et philosophie. La relecture sapientielle de Genèse 2-3*», RB 107-2 (2000) 232-259.

KASPER, W., *Jesús, el Cristo,* Salamanca: Sígueme 1978.

KUSS, O., *Carta a los Romanos, Cartas a los Corintios, Carta a los Gálatas,* Barcelona: Herder 1976.

MARTÍN VELASCO, J., *Introducción a la Fenomenología de la Religión,* Madrid: Cristiandad 1978.

MARTÍNEZ SIERRA, A., *Antropología teológica fundamental,* Madrid: BAC 2002

POZO, C., *María, la nueva Eva,* Madrid: BAC 2005

BERTRAND RUSSELL, B., *Historia de la Filosofía Occidental (tomo 1),* Madrid: Espasa 2004.

SAN AGUSTÍN, *Obras de San Agustín,* (Tomo VI) *Tratados sobre la gracia.* Madrid: BAC 1949.

SAN IRENEO, *Contra los herejes. Citado por Concilio Ecuménico Vaticano II,* Madrid: BAC 2004.

SPINOZA, B., *Tratado teológico-político,* Madrid: Alianza 2003.

SPINOZA, B., *Ética III*: Madrid, Edit Nacional (traducción de V. Peña) 1995.

TEILHARD DE CHARDIN, P., *El medio divino*, Madrid: Alianza, S.A. 2005.

TREVIJANO, R., *Patrología*, Madrid: BAC 2004.

VON RAD, G., *El libro del Génesis*, Salamanca: Sígueme 2008 (cuarta edición).

NASPLEDA, J., *Comentarios a la Biblia litúrgica AT*, Madrid: 1976, Maroba [en línea]. Última actualización:9/1/2012. <http://www.mercaba.org/DIESDOMINI/SS/VIGILIA/4lec-comentario.htm.> [Consulta: 25enero 2012].

URBINA TORTOLERO, E.R., *Filosofía medieval. El escolasticismo* [en línea]. Publicado: 14/1/2000, <http://www.monografías.com/trabajos/filosofía/filosofmedia.shtml.> [Consulta: 25enero 2012].

WIKIPEDIA, Blaise Pascal [en línea]. Última actualización: 30/12/2008. <http://www.biografíasuniversales.com/index.php?.> [Consulta: 25enero 2012].

ÍNDICE